利益を追わなくなると、なぜ会社は儲かるのか

法政大学大学院
政策創造研究科教授
坂本光司

社員が120%の力を
発揮する最強の経営術

ビジネス社

はじめに

私がこの45年間に訪問調査したり、アドバイスをしてきた中小企業は、合計すると約7500社になります。

よくぞここまでという思いと、まだまだこれからという気概が交錯しますが、現在も1週間に2日程度は、社会人学生と一緒に全国各地や海外の優良企業の現場を飛び回って、企業研究や経営革新のアドバイス、さらにはセミナーなどの講師をしています。まさに、私の持論である「会社は、最後の教育産業である。社会は、生きている限り学び続けるべき最後の学校である」を、自ら実践しているようなものです。

私は長年、企業経営の目的・使命は「社員とその家族」「社外社員とその家族」「現在顧客と未来顧客」「地域住民、とりわけ障がい者などの社会的弱者」「株主・出資者」の5者を幸せにすること、と説いてきました。

「社員とその家族」を最初に挙げた理由は、多くの会社を訪れるうちに、いい会社は業績を高めることよりも、社員を何より大切にすることに努力を払っているのがわかったからです。そして実際、社員とその家族のために、経営者が一所懸命尽くしている姿を幾度となく目の当たりにしました。

また、「社員とその家族」を大切にしている会社は、好不況に関係なく業績が安定していることもわかりました。その反面、価格競争に明け暮れている会社、いきすぎた成果主義に走っている会社は、好不況により、その業績が大きくブレることも次第にわかってきたのです。

さらに、会社訪問を続けていくうちに、「社員を大切にする経営」を実践している会社の数が次第に増えていきます。そして、そうした会社が、統計化できるほどの数に達したとき、私はこの現実こそが「現場から見た新しい経営学」そのものであると確信したのです。

おわかりでしょうが、人を大切にする経営学、つまり「人本経営学」は、何も私が新しく提唱した理論でもなければ、学説でもありません。

すべては現場から、誠実な経営者から学ばせてもらったものです。当初は異端視されていた経営者の方たちが、諦めることなく愚直一途に実践されてきたことを、私は理論化・体系化しただけにすぎないのです。

社員とその家族を大切にし、社員の満足度を高めること、あるいは協力会社との関係をよくしていくこと、障がい者や高齢者の雇用などを通じ、地域に貢献していくことなどは、別に新しい経営学などではありません。

幸せになりたいと生き、頑張っている人間であれば、誰もがわかる自然の摂理であり原理原則なのです。あえていえば、経済優先・業績優先・成長優先・勝ち負け優先などといった間違った考えが横行した時代のなかで、この最も大切なことが忘れられてしまっていただけなのです。

90年代のバブル経済の崩壊後、日本経済が停滞し始めるのと同時に経済のグローバル化が進み、株主第一主義が謳《うた》われるようになりました。そして、効果や効率こそが評価・尊重される成果主義・競争主義の経営が導入され、事業再編や人員整理が断行されたのです。

やがてリーマンショックが起き、世間に疲弊感が漂うなか、追い打ちをかけるように東日本大震災が発生しました。こうしたなか、従来の価値観も大きく揺らぐことになったのです。

経済のグローバル化・ボーダレス化は、依然、加速・拡大する一方、人口減社会がもたらすデフレ経済も年々進行していますから、会社経営にとって、厳しい時代であることに変わりはありません。しかしながら、幸か不幸か、こうした時代のなかで、近年、会社経営者ばかりか多くの日本人の価値観に、変化が起こっているように感じられます。

つい先頃まで、お客様に嫌われた会社には未来がない、故に顧客第一主義を貫けという経営学がもてはやされていました。しかし現在は、顧客に好かれること・嫌われることより、もっと大切なことに気がつき始めています。それは、その顧客が満足するような商品・サービスをつくり出せるのは、社員や私が「社外社員」と名づけた仕入先や協力会社・外注会社の社員の方々であるという事実です。

私がこれまでお会いし、いまでも親しくおつきあいをさせていただいている経営者の方たちは、ご自身が思いついたことを業界平均や経営理論などに照らし合わせて考えることなどしません。いつでも、どこでも、また誰に対しても「どうすることが正しいことか、正しくないことか……」「自分が社員なら、また社員の家族ならば、どうしてほしいか……」「自分が仕入先・協力会社の社員ならば、どんな気持ちがするのか……」といったことを基軸にして、経営を実践しているのです。

そして、うれしいことに、そうした会社の業績は例外なく高く安定しています。加えていえば、地域への貢献活動も熱心で、弱者に味方する真の強者といえる経営者の方々ばかりです。まるでその事実は「神様が見ているがごとく」です。

本書は、そうした経営者の方々が、どのように社員とその家族、協力会社の社員とその家族、お客様、障がい者や高齢者など地域の人たちと共生を図ってきたのか。また、そこにはどんな苦労、葛藤、出会い、さらには感動があったのか。その事実と、そこから導き出された経営者やリーダー、そして会社のあるべき「成功法則」を紹介しています。

私は「会社とは何か」「正しい経営とは何か」という大きなテーマを、社会人学生と一緒に考えながら、現場から導き出された私なりの考え方を述べた書物を、これまで単著と共著を合わせて90冊近く上梓してきました。

本書が、経営者の方々、ビジネスマン、学生さんなど、多くの方々のマネジメントばかりか、生き方などに少しでも参考になれば幸甚です。

最後になりますが、本書執筆のチャンスを下さったばかりか、内容についてもいろいろなアドバイスをくださったビジネス社の大森勇輝氏には、この場をお借りし厚くお礼申し上げます。

２０１６年10月

坂本光司

利益を追わなくなると、なぜ会社は儲かるのか

目次

第1章 よい経営の本質とは

第2章 人を幸せにする会社経営

第3章 よい会社の社長・社員が実践していること

第4章 やってはいけない企業活動

この章のまとめ……160

第5章 真に強くて儲かる会社のつくり方

第1章

よい経営の本質とは

成功法則

01 会社の〝成長エンジン〟は人以外にあり得ない

会社経営で大切な三要素は「人・モノ・カネ」「人材・技術・情報」などと、長らくいわれてきました。しかし、今や、こうした見方や三要素自体の使い方も改めるべきです。そもそも雇用している「人」は会社の財産ですから「人財」であって、材料のように「人材」ととらえるのは間違っているからです。**すべての経営資源に勝るのは人**です。あとの経営資源は人財のための道具にすぎません。

しかしながら、人が一番大切だということを理解していない経営者や、人財を人材と評価、位置づけている経営者があまりにも多すぎます。

その端的な例が効率主義です。

たとえば危険な仕事を処理しなければならないときに、「年に1、2回しかない仕事だから、機械やロボットを購入したら採算が合わない……。まあ、たいへんかもしれないけれど、社員にやらせりゃいい」などと平気で言う会社があります。そして、大きな事故を起こし、ひいては貴重な社員を死に至らしめるケースですら間々あるのです。

要はモノもカネもないから、社員を使ったほうが、会社としては効率がいいと結論づけ、それどころかこれを経営的に自然だと考えるのです。そして、万一のリスクを会社は負わず、肝心要の「一にも二にも人財」ということが、ないがしろにされてしまうわけです。

なぜ人が一番大切かといえば、人財が新しい価値の唯一の創造的担い手であるからです。お客様が本当に欲しくなるような商品、あるいはもう一度訪れたくなるような感動的サービス……。これらを提供するのはモノ・カネ、技術・情報などではなく、当然のことながら人以外にはあり得ません。

だからこそ会社をよくしたいと思ったら、社員を伸ばして会社を伸ばすことが重要なのです。会社を伸ばせば人も伸びるというのは、本末転倒の考え方です。

というのも、ミクロの合計がマクロであるように会社は個人の集合体だからです。

会社が10%成長したとしても、社員が5%しか成長していなければ、10マイナス5で、差の5%はバブルで膨張しているだけということ。成長と膨張とは違いますから、必ずバブルは破裂します。結果、社員とその家族を不幸な目に遭わせ、下手をすると会社を潰してしまうことになりかねません。

したがって、ちょうど人を伸ばした分だけ会社が伸びる、つまり、「会社の成長エンジンは人」ということが自然に導き出される答えであるべきなのです。人の雇用と育成について、常にこの思いを強く持って臨む必要があります。

よく、**来年は好況になるから人を採用するとか、逆に不況になりそうだから人を採用しないという経営者がいますが、これは責任転嫁以外の何ものでもありません**。

私はこうした経営者に会った際には、いつも「あなたの会社が経営不振に陥ってしまったのは人財がいないからでしょう。会社の業績を誰かがよくしてくれることを期待しているとすれば、それは、おこぼれ頂戴的な姿勢であって、人の雇用と育成に対する努力を怠っているからではないですか。自ら環境と業績の好転をもぎ取るくらいでないと……」と（やや厳しいですが）問いかけるようにしています。

好況をつくるのも人、不況をつくるのも人です。

優秀な人財がいる会社、人の雇用と育成に努力を払っている会社は、間違いなく業績を伸ばしています。ですから、人財の確保を好況とか不況に合わせるという行動は、理屈に合わないおかしな話なのです。

中小企業の社長さんの多くは、設備投資や製品開発などには日頃から関心を払っている反面、総じて人への思いが弱いきらいがあります。人財こそが価値をつくり、新しい時代をつくっていくのだという意識に少々欠けているように思えてなりません。

これは、私がこれまでさまざまな中小企業を訪れて実感したことですし、そうした企業は、やはり元気がありません。常に優秀な人財の育成・確保に努めるのは経営者の責務なのです。もちろん、老若男女、健常者と障がい者、日本人と外国人などのような差別をすることなく、自社にとってふさわしい人財を求め続けるべきです。

また、**能力が高い、高度な技術があるという意味の才能の「才」に加えて、思いやり、優しさ、正しさといった人間の「徳」を兼ね備えた人が、会社にとって本当の成長エンジンになり得る**わけですから、雇用した人をそのような人財になるように育てるのも、経営者として当然の務めです。

人間も石と同じで、磨かなければ光るはずもありません。

坂本教授の

ここが重要

人財こそ会社の宝だということを、決して忘れないように！

成功法則

02

どんな人でも環境さえ整えば立派に育つ

「人財」を育てるといっても、中小企業の場合は「経営資源に限界があるから、なかなかむずかしい」というケースが圧倒的に多いでしょう。

小さい会社だから、教育のセクションを設けることができない、勤務中に教育する時間がない等々、いろいろな理由が挙げられます。とはいえ、わかっていてもできないのだから仕方がないと、わが身を慰めているようでは発展性がありません。

会社の規模や雇用条件などに関係なく、環境が無理なく自然に整っていれば人財を育成することはできるのです。

たとえば、新横浜の駅近くに、**アクロクエストテクノロジー**（http://www.acroquest.co.jp/）という、社員が100人に満たないIT企業があります。そのうち9割程度が東大、東工大、京大などの理工学部卒といいますから、全社員に占める理工系出身者の比率は日本でトップクラスでしょう。事業内容は、日本のライフラインや最先端事業の心臓部にかかわるソフト開発で、この会社がなければ日本の交通ネットワークがストップしてしまうといっても過言ではありません。

まさに「アクロ（先端）クエスト（探求）」という社名どおりの事業を展開しており、**会社の規模や雇用条件などにかかわりなく、入社当初から社員が自然に切磋琢磨できる環境が整っていることによって成長している会社の典型**です。

愛知県豊橋市にある**樹研工業**（http://www.juken.com/）という会社も、環境が整っていることによって成長している会社です。社員は１００人程度でアクロクエストと同規模ですが、大きく異なっているところは、高卒、大学中退、あるいは無名の大学卒の社員ばかりだということです。

この会社の特徴は、市場に合わせてモノをつくる「マーケットイン型」ではなく、技術主導で市場を開拓するという「テクノロジープッシュ型」である点です。社会が求める製品を10年スパンで先取りし、なんとわずか1万分の1グラムという非常に小さなプラスチック製歯車を開発。しかもそれにとどまらず、10万分の1グラム、さらにはもっと微細な１００万分の1の歯車を開発し、光学部品やバイオ関連分野などに大きく貢献しています。

製品の開発者も製造する技術者も一流大学を出ているわけではなく、公的機関や大企業などから高額な研究開発費の支援を受けているわけでもありません。

一体、どうしてこんな会社が優れたモノづくりができるのか不思議に思われるでしょう。事実、何年も研究し、多額の研究開発費も助成されているのに、同じようなモノができなかった一流国立大学の教授陣が豊橋の同社を訪れて、社員に熱心に質問している様子が新聞で紹介されたこともあります。

アクロクエストと樹研工業の大きな共通点は、管理型の経営ではないので、組織にギスギス感がなく、ぬくもりがあり、仲間意識が醸成されているアットホーム的な社風が根づいているところです。会社内でいきすぎた競争を強いれば、勝ち組と負け組を生み、負け組は達成感も幸福感も味わえず、しまいには妬みや恨みを招いて、仲間が失敗すればいいのに、ということすら考えがちになってしまいます。

また、利益第一主義で、「1時間で100個つくったものを、来年からベルトコンベアのスピードを速くして倍の200個つくれ」とか、「営業成績のノルマ達成は自己責任」といったことを平気で言う会社がありますが、社員は奴隷ではありませんし、こんな環境では人は育ちません。**人はあくまで仕事を通じて育つ**のです。

以前、ある大手自動車メーカーの下請け会社にうかがった際、工場で珍しい部品を見かけたので、これはどこの部品ですかと質問したら、「わからない。つくれって言われているからつくっているだけ」という答えが返ってきたことがありました。これでは、やる気もプライドも育ちません。

ですから、ただ単に仕事をこなせばいいというわけではなく、その人の能力アップにつながるような部署に配置転換したり、さらなる技術が習得できるような仕事を意識的にもたらすなど、**経営者は社員と一緒に仕事のやりがいを創造していくことが重要**なのです。

さらには、**社員は社長や先輩の生き様や背中を見て育つということも忘れてはならない**でしょう。これは、いわば最高の見えざる教育といえます。入社したばかりの社員が、社長や先輩の仕事に対する姿勢、考え方を見習って、自分もああなりたいと思えるような環境が整っていれば、わずかな期間で、こんなにも人格、見識、能力などが高まるものかと驚くほど、人財は育つはずです。

坂本教授の
ここが重要

社員とともに仕事のやりがいを生み出すことも、経営者にとって重要な役割の1つです。

成功法則
03 自社の成長のため、外部の経営資源を積極的に活用する

会社経営には資金繰りをはじめ、さまざまな問題がともないますから、「経営資源に限界があって、人財育成にまで手が回らない」「先生が言っていることは理想にすぎる」という方も確かにおられます。もちろん、中小企業の社長さんたちは、皆たいへんな思いをされているので、そのように言われるのも無理のない話です。

しかし、そうした経営者にお会いした際、私はいつも**「内部の経営資源ばかりでなく、外部の経営資源にも目を向けるべきだ」**とアドバイスするようにしています。

内部の経営資源だけでは、いくらやっても品質が向上しない、生産量が追いつかない、納期に間に合わないといった状況に陥ることがあります。

一方、優秀な企業は、内部の経営資源が豊富だということもありますが、外部の経営資源を有効活用しているケースが多く見受けられます。

私は、異業種交流の必要性、重要性を40年以上前から提唱してきました。**異業種交流の目的は、自社あるいは自分を成長させるための外部有用経営資源の内部経営資源化**です。

このように表現すると、何かむずかしいように感じてしまうかもしません。でも、ご安心ください。たとえば、**お客様、外注先、大学などは、単なる外部の経営資源と評価しがちですが、知恵を絞れば内部の経営資源として有効活用できる**ということなのです。

お客様に何か困っていることがありませんかと問いかけるだけで、新たなヒントが得られますし、大学の先生に、この分野で何か斬新なことを研究してくださいと依頼すれば、それが新商品の開発につながることもあります。聞くのはタダですし。

さまざまな形での異業種交流によってもたらされたアイデアが、サービスや商品に活かされれば、お客様は喜び、その結果、企業には利益がもたらされます。

経営資源は内部の人・モノ・カネだけではなく、外部にもあるということに、いつも考え方が内向きになりがちな経営者こそ、もっと気づくべきです。

坂本教授の
ここが重要

皆さんの周りにいる人すべてが、会社成長のヒントを持っています！

成功法則

04 できる人にもできない人にも、平等にチャンスを与える

会社には、仕事ができる人もいれば、期待ほどにはできない人もいます。ウサギとカメの寓話のようにタイプは千差万別で、仕事の呑み込みが早い人もいれば、こつこつこなしていく人もいます。無論、誰しも初めから仕事ができるわけではありませんから、**一番問題なのは先入観で人を判断することです**。

たとえば、大卒と高卒、キャリアとノンキャリア、男性と女性、若い人と高齢者、健常者と障がい者……等々、前者は優秀で後者は優秀ではないという決めつけは、勝手な思い込みにすぎません。

できる人もできない人も区別することなく、すべての人に平等にずっとずっとチャンスを与え続けていくことが重要です。できなければ教えてあげる、待ってあげるという姿勢が肝要なのです。**なぜなら、採用した経営者には、その人の生涯を幸せにする責任がある**からです。

先入観で人を判断しなかったことによる成功事例として、私は島根県大田市の**中村ブレ**

イス（http://www.nakamura-brace.co.jp/）という、義手や義足などの医療用具を製造している会社の話をよくします。

創業者の中村俊郎さんは、アメリカで技術を習得して帰国後、自宅の納屋を改造して会社を始めたところ、自分だけでは仕事をこなしきれなくなったので、従業員を1人募集することに決めました。

しかし、見るからに粗末な会社ですからなかなか人は来ません。

しばらくすると、知り合いの方が色白の男の子を連れてきて、持病があるのでどこに行ってもうまくいかないけれど、この子を何とか雇ってほしいと頼まれます。性格は真面目そうに見えたので、中村さんはその子を採用することにしました。

ところが、出社すると「疲れた」と言って早退したり、「今日は調子が悪いから」と言って休んだり、「おなかが空いたから、もう昼食にしていいか」といったように、とにかく勤務状態がよくありませんでした。ですから、中村さんも最初「この子、本当は怠けもんじゃないか？」と思ったそうです。

朝8時から夕方5時までの勤務時間を、まともに勤め上げるのはまれだったので、たった1人の従業員でも足手まといになっているように見え、周りからは「辞めてもらったほ

うがいいんじゃないか」という進言もあったようです。けれども中村さんは、彼をクビにはしませんでした。その理由を尋ねると、

「ある日、8時に出社したのに、8時半になったら急に具合が悪くなって1週間出てこなかったんです。しかし、1週間ぶりに出てきたときには、8時から12時まで働いてくれました。しばらくするとまた具合が悪くなって、今度は2週間近く出てきませんでしたが、その後、出社したときには8時から午後2時頃まで働いてくれました。そんなふうに勤務状態は一進一退だったとはいえ、私には**彼が彼なりに精一杯努力していることがよくわかったからです**」

という答えが返ってきました。

そして入社して8年後、とうとうこの子は持病が完治して、まともに働けるようになります。採用した従業員が一人前になるのを、8年も待ち続けた中村さんには敬服するばかりです。

成長した彼は、出張先で見かけた医療機器について、「社長、こんなものをつくっている会社があったのですが、えらく値段が高いんです。ウチだったら、もっと安くてもっと品質のいいものができるはずです。私がつくってみせます」と言って、その後の同社製品

の基本モデルとなるオリジナル製品をつくることに成功し、これが中村ブレイスの発展の礎となったのです。

同社は1974年の創業後、従来の義肢装具製作に新素材や新技術を取り入れる研究を重ね、新感覚の義肢装具、医療器具を独自に開発。そしていまでは、国内はおろか世界各国の病院に治療用・リハビリテーション用装具を提供する企業として、他の追随を許さないほど成長しています。

人を育てるには根気も忍耐も必要ですし、いいところを見出す観察力、そして何より人から信頼される人徳が求められます。中村ブレイスは先入観で人を判断せず、あきらめず、長い目で人を育てることが、やがて大きな実を結ぶことを見事に証明している企業の代表例といえるでしょう。

坂本教授の
ここが重要

先入観は百害あって一利なし。人の育成は長い目で見ましょう。

成功法則

05 真の強者は弱者に優しいことを常に忘れない

これまでテレビなどでも紹介されているので、ご存じの方も多いと思いますが、採用した人に平等にチャンスを与え続けている会社といえば、神奈川県川崎市に本社を構える**日本理化学工業**（http://www.rikagaku.co.jp/）が挙げられます。

同社はチョークをはじめとする文房具・事務用品の製造販売を行っている企業で、知的障がい者の雇用に力を入れていることで知られています。

知的障がい者の雇用を始めたのは１９６０年のこと。２名からのスタートでした。そして２０１６年６月現在、全従業員81人中60人の知的障がい者（うち27人が重度の障がい者）が働いています。

そのきっかけは、同社の大山泰弘会長によると次のようなものでした。

「ある日、養護学校の先生が来社されて、卒業生の就職を受け入れてくれないかと頼まれたのですが、私は、知的障がい者の方と接したことがなかったので、申し訳ないけれどもお断りしました。しかし、先生は何度も来られて、『この子たちは、一生働くことを知らずに、この世を終わってしまいます。だからどうか……』と訴えられました。その言葉で、ようやく〝同情心〟が芽生え、2週間程度の就労体験なら、ということで引き受けたのが始まりでした」

その後、障がい者の雇用を本格化した理由については、

「障がい者の方と一緒に働くなかで、どうしてもわからないことがありました。施設で楽に過ごすこともできるのに、なぜ、彼らが一所懸命働こうとするのか、理解できなかったのです。そこで、この疑問を知り合いの禅寺のご住職にぶつけてみたんですね。すると、住職さんは、こうおっしゃいました。

『**人間の究極の幸せは、①人に愛されること、②人にほめられること、③人の役に立つこと、④人から必要とされることの4つ**です。障がい者の方たちが企業で働きたいと願うのは当然ですよ。社会で必要とされて、本当の幸せを求める人間の証なのですから』と。

私は、胸のつかえがとれる思いでした。障がい者も健常者もない、人間の根源にかかわる大切なことを教えていただいたのです。そして、1人でも多くの障がい者の方々に〝働く幸せ〟を感じてもらえるようにしたいと考えるようになったのです」

と述べられています。さらに、このようにもおっしゃっています。

「もちろん、会社を存続させるためには利益を出すことが絶対条件ですが、**利益第一主義のために、社員が働くことに幸せを感じられなくなってしまえば、会社が永続的に発展する力は失われてしまいます**。だから、**会社にとっても〝社員さんの働く幸せ〟はとても大事なもの**なんです。

ここまで私を導いてくれたのは、知的障がい者の皆さんにほかなりません。働くことの意味、人生にとって大事なこと、すべて彼らに教えてもらってきたのです」

大山会長もまた、雇用した障がい者の方たちとともに〝働く幸せ〟を実感することになったわけです。もっとも障がい者の方たちが、かなり難易度の高そうな作業をこなせるようになるのは、並大抵のことではなかっただろうと思います。

日本理化学工業は障がい者の採用基準として、①自分の身辺処理は1人でできる、②簡単でも返事ができる、③一所懸命仕事する、④周りの人に迷惑かけない、の4つだけを設け、各自の理解力に合わせて作業できるよう環境を整えることに重点を置いています。たとえば材料の計量をする場合、文字を読み数字で合わせるのではなく、色の容器と同色のおもりで作業する。あるいは時間の作業は砂時計を見て行うなどの配慮がなされています。

時間をかけて教え指導するとともに、このように各自の理解力に合わせて仕事ができるようにしてあげると、先の住職が言われたとおり、彼らは人の役に立っている幸せを感じ、集中して一所懸命仕事をするわけです。

以前は「何で仕事ができそうもない人たちに、そんなに温情をかけるのか」という、批判めいた声もありました。

しかし、人に優しい会社は、関係する企業や地域などにまで大きな影響を与えます。事実、同社を見学した子供たちから、「天の神様は、どんな人にも世の中で役に立つ才能を与えてくださっているのですね」という手紙が届いたそうです。

こうした会社に接したときに、私が再認識することは、**偽りの強者は弱者に冷たく、真の強者は弱者に優しい**ということ。忘れてしまいがちですが、**日々の「勝った負けた」を競うより、真の強者か否かを競い合うべき**なのです。

坂本教授の
ここが重要

社員はもとより会社にとっても〝働く幸せ〟はとても大事なのです。

成功法則

06

学歴の「高い、低い」と、仕事の「できる、できない」を切り離す

「できる、できない」ということについて、さらに指摘しておきたいのは、学歴などを比較して差別するようなこともあってはならないということです。

官僚を語るときによく使われている「キャリア」と「ノンキャリア」という言葉。ご存じのように、キャリアは「国家公務員採用総合職試験」を受験して採用された人のこと。日本を代表する国立大学出身者が多く、一般的に霞が関の官庁街で働くエリート官僚を指します。

周知のように、キャリアとノンキャリア最大の違いは、その後の昇進スピードと役職の差として表れます。キャリアは本省課長クラスまではエレベーター式で出世し、優秀な人はさらに上の審議官や局長、事務次官などのポストに就くことができます。一方、ノンキャリアの場合は出世してもせいぜい課長クラス止まり、しかもキャリアよりはるかに時間がかかります。

しかし、よくよく考えてみると、**官公庁、企業を問わず、出身校や回数が限られた試験**

で出世のスピードや役職に差がつき、その人の人生さえ決まるという日本の旧態依然としたシステムには、違和感を覚えざるを得ません。

学歴にまつわる偏見は、残念ながら依然根強い一方で、学歴などものともせずに大きく飛躍した人がいることを、私たちは忘れてはならないでしょう。

長野県伊那市の**伊那食品工業**（http://www.kantenpp.co.jp/corpinfo/index2.html）を再建した、実質的な創業者といえる塚越寛会長もそうした人物の1人です。

塚越さんは終戦の年に父親を失い、貧しい家庭環境のなかで幼少期を過ごし、高校時代に結核を患って長期療養のため東大受験を断念しました。

その後、3年間に及ぶ闘病生活を終え、1957年に地元の木材会社に入社。翌1958年に関連会社で赤字続きだった伊那食品工業に移り、社長代行として同社再建に奔走し、以降、同社は48期連続で増収増益を達成。塚越さんは1983年に社長に就任した後、2005年から会長職にあります。

毎年赤字で、倒産寸前の会社を建て直すことですら難題なうえ、同社は決して地の利に恵まれているわけではありません。

しかも、扱っているのは「寒天」という地味な成熟商品ですから、しばらくの間、改善策など浮かばなかったようです。

何のあてもないなかで、会社に残っているのは〝社員という財産〟だけということに気づき、ようやく塚越さんは**「社員のやる気を引き出すことができれば会社は強くなる」**という結論に至りました。

人はやる気になれば、やる気のない人の何倍も働き、工夫して仕事の能率を上げていく。そのためには社員に「これは自分の会社だ」と思わせることが大切だ。たとえ会社では評価されない人でも、お金を稼ぎ、家庭を守り、子供の面倒を見、家族を守ることに手を抜く人はいない。それは「家庭は自分のもの」と思っているからで、であるならば、会社もその人の家庭になればいい。

こうした答えを塚越さんは導き出したわけです。

伊那食品工業は「いい会社をつくりましょう」という社是を掲げて、業績や財務に優れた〝強い企業〟ではなく、従業員、取引先、顧客、地域社会など、会社を取り巻くすべての人々にとって〝いい会社〟であることを目指してきました。

人事は終身雇用の年功賃金制度をとり、仕入れ先やそこで働く人たちをも大切にし、地域社会への投資も惜しまず続けています。それでいて、10%を超える高い利益率を維持し

続けているのは、まさに驚異的です。

塚越さんが、伊那食品工業が成長し続けられる理由について次のように答えていたのが印象的です。

「会社の成長は社員の成長と連動していることが肝心です。でも、社員の能力や会社の体制が整わないまま急に大きくなり、急降下する会社が多いですね。

大切なのは、自社にとっての最適成長率を見極めることです。ただし、最適成長率は社歴や業界の状況によって異なり、一定の理想的な数字はありません。その見極めこそが、経営者に課せられた最重要の仕事です。成長については前年を下回らないという歯止めさえあればいいんです。

理想は、確実な低成長です。私は樹木の年輪からその正しさを学びました」

坂本教授の
ここが重要

会社の最適な成長率を見抜くことが、経営者にとって大事なスキルです。

成功法則

07

会社経営の優先順位をきちんと見極める

前項の伊那食品工業の社是に込められているように、**会社経営の目的は会社に関係するすべての人を幸せにすること**です。

業績を高める、シェアやランクを高める、あるいはライバル企業に打ち勝つというのは、目的を達成するための手段であって目的ではありません。

もちろん業績は大事です。赤字が続けば会社がつぶれ、社員とその家族を不幸にするだけですから、そんなことは許されません。しかし、残念ながら多くの経営者は業績ばかりを追い求めて、会社経営の優先順位を間違えてしまっています。

あくまで業績は結果、もしくは手段なのです。**業績を志向すると必ず誰かを不幸にします**。これでは会社経営の真の目的をかなえることができないどころか、そもそも会社を経営する意味も資格もないといえます。

業績を高めるためには、売上高を伸ばすかコストを減らす他に方法はありません。これは小学生でもわかる理屈です。売上高を伸ばすには、当然のことながら新商品を開発したり、営業や販売なども努力しなければなりません。

とはいえ、同業他社も新商品の販売に乗り出し、同じように営業や販売に力を入れている状況では、思うように売上高を伸ばすのは容易ではありません。ノルマを課された人は苦しむばかりで、そのしわ寄せは出社拒否やうつ病、悪くすれば自殺さえ招くことになりかねないのです。

戦後一貫して、日本国民は乾いたタオルをさらに絞るような努力を重ねてきました。しかしながら、今やこうした考えや、売上高を伸ばすために、社員にノルマを課すといった経営は時代遅れです。

売上高を伸ばすのが困難ということになれば、コストを減らすしかありません。コストで一番大きいのは、製造業の場合は原材料費で非製造業の場合は仕入れ代。両者に次いで大きいのは人件費で、この2つのコストが圧倒的です。

製造業の自動車を例にとればスチール板、エンジン系統、電気系統、タイヤなどさまざまなパーツや部品にかかる費用を削減しろということになり、当然のように、協力会社や下請け会社を買い叩くことになります。この負の連鎖は、人件費の削減とかリストラに及ぶわけです。

つまり、業績は大事ですが、それを最終目的にすると、間違いなく会社に関係する人すべてを不幸にしてしまうということなのです。ところが、このことがわからず、業績を高めなければ社員を幸せにできないと思い込んでいる経営者の実に多いこと。このことについて私は、すでに7年前に「社員のモチベーションに関する研究」を行い、**業績の高い会社の社員のモチベーションが高いわけではなく、逆に社員のモチベーションが高い会社の業績は高いという結論を出しています。**

約1000社を対象に、社員のモチベーションのレベルと、その会社の業績のレベルとの関係性についてアンケート調査を行いました。まず、業績別にモチベーションのレベルをクロスさせてみると、バラつきが目立ちました。

つまり、業績が高い会社のなかには、モチベーションが高い会社もあるし低い会社もあったわけです。そこで、**「社員のモチベーションが高い」と答えた会社だけをピックアップし、その業績との相関をみると、モチベーションの高い会社は業績が高い会社ばかりだった**のです。

この調査によって私は、**社員のモチベーションが高いということは、社員を大切にしている証**であり、**社員を幸せにしたいという思いが強ければ、自然に社員のモチベーション**

が高まり、会社の業績も高まるという結論に至りました。

要は、業績、成長、シェア、ランキングなどが、会社の価値を見極める基準のようになっているのがおかしいわけで、こうしたキーワードを常に云々するマスコミにも問題があるといえます。ですから、いい会社か否かの判断基準や見方を根本的に改める必要があると思います。

私はこれまでの中小企業調査を踏まえたうえで、社員の満足度や定着率、過去数十年のリストラの有無、あるいは最近の傾向でいうと、メンタルヘルスの面での不調者の数などを、いい会社か否かのモノサシにすべきだと考えています。

そうすれば、会社経営の優先順位を間違えることも、会社経営の真の目的を見失うことも格段に少なくなるに違いありません。

坂本教授の

ここが重要

社員が幸せな会社は、間違いなく業績も高まります。

成功法則

08 社員を大切にする会社は、景気の波にも決して左右されない

企業の成長と衰退を決める要素は、これまでの経済学の長い歴史のなかでは、J・M・ケインズが著した『雇用・利子および貨幣の一般理論』の出現以後、有効需要で決まるといわれてきました。

ちなみに有効需要とは、財やサービスに対する実際の貨幣的支出を伴って現実に市場に現れる需要のこと。言い換えれば貨幣的裏づけのある需要のことで、ケインズ以来、この用語はもっぱら社会全体の需要の総計という意味で用いられています。

この理論によれば、不況は有効需要の不足によって発生することになります。ですから、わが国では有効需要を創出するために金融緩和政策がとられたり、新発10年物国債のマイナス0・085％（2016年9月30日）に代表されるように、長期金利をマイナスにする政策がとられているわけです。

こうした景気浮揚対策によって期待できる効果は2つあります。1つは民間の消費意欲や企業の設備投資意欲などが喚起されるということであり、もう1つは公共事業への投資

が喚起されるということです。

とはいえ、依然として消費者の財布のヒモは固いままで、消費者物価指数は目標の2％を達成していませんし、企業の設備投資も思うように伸びていません。つまり消費者も企業も、モノを買ったり投資するよりも資金をプール（貯蓄）する動きになっています。

また、モノ不足の時代ならばともかく、民間に元気がないから公共事業でまず経済を引っ張ろうという景気対策には限りがあると思います。かねてからアベノミクスの経済政策の1つに掲げられている「国土強靱化政策」が、なかなか進捗していないことを見ればそれは明らかです。

周知のとおり、経済は需要と供給のバランスで成り立っていますが、現在、わが国はモノの価値（価格）が下がり続けるデフレ不況の状態にあり、供給過多に陥っているといえます。

こうした状況を鑑みて、私はこれまでの著書などで、この不況の原因は有効供給力の弱さにあり、景気の成り行きのみならず、**企業の盛衰を決定づけるのは有効需要ではなく有効供給**であると主張してきました。

では、**有効供給とは何かというと、消費者がのどから手が出るほど欲しがったり、感動**

したりする商品やサービスを提供することです。

したがって、**デフレ不況から脱却するためには、有効需要の増加ではなく、有効供給を増やす必要がある**のです。そのために企業が取り組むべきは、価値ある商品やサービスの創造、提案となります。商品やサービスに最高の付加価値をつけられるように工夫し、社員全員が活き活きと働ける環境を整えることが重要ですが、こうしたことは社員を大事にしなければ実現できません。

社員を大切にすれば、社員のなかに〝働き甲斐〟が生まれます。**働き甲斐こそが会社を強くする源**といっていいですし、**強くなった会社は景気の変化に影響されることなく、経営が安定して長く継続します**。

そして、そのために**極めて重要になるのがES（Employee Satisfaction＝社員の満足度）**です。会社から大事にされていることを知り、自分が置かれている環境に満足すれば、誰しも自然に働き甲斐を見出し、会社に貢献したい、いい仕事をして会社に報いたいと思うでしょう。

しかし残念ながら、業績の悪さを社員の責任に転嫁して、給与をカットしたり、サービス残業を強要したり、あまつさえ平気でリストラを実行する会社が現に存在します。

そうした会社の経営者のなかには、「会社が大切だから能力のない者をリストラしたけれど、それがなぜ悪いんだ」と言う人がいます。恐ろしいことに、実は優秀な人ほど自ら率先して会社から離れていくということさえわからないのでしょう。

社員を大切にしないと、優秀な人は、こんな会社で本領を発揮したらアホらしいと考え、次の就職先で本領を発揮しようとするのは当然の成り行きです。もちろん、その人が思いついた新商品のアイデアが競合他社のものになったとしても、誰も非難することなどできません。

業績は社員の満足度の証であり、社員を大切にしているか否かは、会社の業績に表れます。したがって、**業績がかんばしくないと感じている経営者ほど、経営を長く安定して維持するために、少なくとも年に1回は社員の満足度調査を行うべき**でしょう。

坂本教授の
ここが重要

働き甲斐こそが会社を強くする源泉なのです。

成功法則

09 社員の気持ちを常にくみ取る場・空気をつくる

社員の満足度もさることながら、社員を大切にしているか否かが、最も端的に表れるのが離職率です。**離職率が高い会社の業績はジリ貧**であることは、いうまでもありません。

たとえば、会社名はあえて伏せますが、愛知県に過去20年間、毎年50人程度、社員を新規に採用している従業員200人ほどの会社があります。単純計算すれば従業員数は今頃1200人くらいになっていてもおかしくない話ですが、従業員数は相変わらず約200人のままです。

その理由は、噂の域を出ないものの、毎年採用している50人中、45人以上が1年間で辞めることを前提で採っているということのようです。

こんな馬鹿げた採用方法が行えるのは、社員を人として見ていないからで、当然のようにジリ貧となり、いまや経営状態が危ないといわれています。

では、なぜ離職するのでしょうか。

その**本当の離職理由は、給料が安いとか、仕事への評価が低かったということよりも、「こ**

んな会社に勤めていては幸せになれない」というケースがほとんどだといっても過言ではありません。

離職する際に、両親の面倒をみなければならなくなったとか、子供の進学上の理由などと、適当な理由をつけて辞めていきますが、私に言わせれば、本当は「この会社にいたら幸せになれませんから辞めます」と言う代わりの方便、嘘です。

社長は、社員を選ぶことできますが、社員は社長を替えることはできません。**唯一、社員が社長を替えることができる方法は辞めることしかない**のです。

繰り返しになりますが、いい会社とは、社員を大切にすることを何より優先し、同時に外注先、顧客、地域住民、高齢者や障がい者など、会社に関係する人や周囲の人たちをも大切している会社です。

社員を大切にしているか否かを社長さんたちに聞いてみれば、その多くが「大切にしているよ」「そんなの当たり前だよ」と答えると思います。

しかし、**社長が社員を大切にしていると思っていても、社員がそう思っているかどうかはまた別**。まして、社員の家族、外注先、顧客、地域住民等々となればなおさらです。

社員が会社から大切にされていることを本当に実感しているか否かは、会社経営に密接不可分にかかわっています。ですから、社員の満足度調査を定期的に行うことが重要ですし、できれば社員だけでなく、外注先に対しても調査すべきでしょう。

無論、調査票の作成・集計などは、公正・平等を期すために外部の専門家に依頼し、当然のことながら無記名式で行うべきです。

調査した結果、さまざまな苦情が出てくれば、社長さんは嫌な思いをすることにもなりますが、問題の原因がわかれば手の打ちようがあるわけです。重篤な病なのに軽いカゼだとタカを括っているようでは、将来の展望は開けてきません。

現在、中小企業全体の約7割が赤字会社だという現実を見ると、ますます社員を大切にしていく必要があります。

なぜなら**社員こそが新しい価値の担い手**であるからで、このことに気づきさえすれば、離職率は格段に下がり、逆に業績は高まるからです。

さらには、社員の本音を知るために、個別に面談を行うことも効果的です。その際は、「何でも言っていいぞ」と言って上座に社員、下座に社長さんが座るべきだと思います。あくまで「面接」ではなく「面談」ですから、評価するような感じではなく、「子供さんは大学に合格したか」とか、「ご両親は元気にやっているか」といったように、身近な話から入っていくと社員は話しやすくなるはずです。

会社は、いわば家族です。社長さんは会社の父・母であり、社員は息子や娘。課長さん・部長さんは兄・姉です。家族を大きくしたのが会社組織ですから、どんなに会社が大きくなってもぬくもりを消してはならないでしょう。

ただし、会社の規模が大きくなると、ぬくもりがなくなって、どうしてもギスギス感が出てきてしまいます。これは、社長さんの問題でもあるものの、中間管理職が負うところも大きいといえます。

中間管理職の最大の仕事は、社員がいい気持ちで、価値ある仕事をしてくれるように社内の環境を整備することにあります。**「人本経営」ができない会社は、社長さんもさることながら、中間管理職にも問題がある**といえるのです。

坂本教授の

ここが重要

中間管理職にとって、社内環境を整えることこそが重要な任務です。

成功法則

10 親族経営の成否は、ブレーンと〝帝王学〟で決まる

大塚家具のお家騒動に代表されるように、親族経営のあり方がマスコミで騒がれることがありますが、私は、基本的に親族経営を否定はしません。

特に中小企業の場合、ある意味、経営者はシンボル的な存在でもあるので、能力が同程度あるいは少々上回っているくらいであれば、社員をトップに据えるよりも、人徳があるならば後継候補の親族を外さないほうが、いい面がたくさんあるように思います。

もとより、親族だから後継者にして当然であるとか、あるいは親族だから現場を経験せずにいきなり中間管理職や重要ポストに就かせるというやり方は、社員からも周囲からも支持されません。初めから「この人ありき」では問題があります。

「この人ありき」ではなく、結果として最もふさわしい人が後継者になるべきです。トップは人格、識見、能力が問われるのですから、どうしても後継者に自分の親族を就かせたいと考えるならば、子供の頃から、いい意味での〝帝王学〟を施し、誰からも後ろ指を指されないような人物に育てるべきです。

ただオフィスに座って采配をふるっているだけでは、現場からの支持も得られません。工員と一緒に工場に出たり、営業マンと一緒に営業に回ったり、あるいは外注先に出向しなければ、わからないことがたくさんあります。

社員が一番やる気を失うのが「何であいつが」という思いなのです。

そのため、現場から学び、現場に育ててもらうという本人自身の意識が、非常に重要になってきます。

また、**身近にイエスマンではなく、はっきり間違いを客観的に指摘してくれるブレーンを持つことも肝要**です。

横浜市のある会社で取締役を務めていた方がいました。その方は辞職して自分の会社を設立することになったのですが、辞職の理由は、あまりにもいい加減な社長に嫌気がさしたためだったそうです。

たとえば、社員から上がってきた意見を聞かないとか、社員に対して常に命令口調で話すとか、さまざまな場面で問題のある言動が目立つので、そうした聞く態度、指示する際の言い回しなどについて、いつも注意していたようです。

いまどき、率直に間違いを指摘してくれる人は珍しいと思いますし、こういう人こそ会社にとって貴重な存在であるのに、そこに気づかない愚かな社長は、この取締役を冷たくあしらったため、限界を感じた取締役は自ら身を引きました。

その後、自分で会社を設立したところ、彼を信奉する部下がついてきてくれて、この会社は立派に増収増益を続けている一方、彼が去ってしまった会社は風前の灯という状況に陥っています。

社長に対して苦言を呈するのは、なかなかできることではなく、このような例は珍しいと思います。

したがって、ご意見番のような信頼できるブレーンが社内にいなければ、大企業であれ中小企業であれ、必ず顧問を用意すべきです。弁護士、会計士もしくは税理士、社会保険労務士、経営コンサルタントなどと顧問契約を結んでおけば安心でしょう。

1カ月に1回程度来社してもらう程度であれば、中小企業の場合、顧問料は5～10万円出せば十分で、会社のリスク軽減のためには惜しんでならない金額ですし、何より電話1本で相談できる相手がいるというのは、心強いはずです。

ただしそういった**アドバイザーは、当然イエスマンではなく、特に正しい経営をしているかどうかについて問題をはっきり指摘してくれる人を選ぶべき**です。

最近は下手なことを言うと顧問先を失ってしまうので、顧問の立場も弱くなっているようにも思いますが、経営上の問題を指摘しない顧問は何の役にも立ちません。その点について、昔、浜松に次のような税理士さんがいたことが思い出されます。

彼が顧問先に伝票を取りに行くと、そのなかにファミリーレストランの領収書がありました。客数が4名と記されていたため、社長さんに、この4人は誰かと問いただしたところ、家族であることが判明します。そこで、この税理士さんは「家族で食事したのだから、あなたの給料から出すべきだ」と社長さんに領収書を突き返したそうです。

いまやこの方は全国的に知られるようになっています。経営方針に迷いが出たり、イエスマンばかりが周りを取り巻いていることに不安を感じる経営者は、是非ともこうした人物を見つけ出し、アドバイスを得てみてください。

坂本教授の
ここが重要

中小企業こそ外部のアドバイザーに頼ってみるのが賢明です。

成功法則 11

いい会社はいい理念を持ち、かつ、それが社員に浸透している

会社の大小にかかわらず、多くの企業が経営理念を掲げています。

そうしたなか、これまで私が感銘を受けた経営理念は100程度ありますが、どんなに素晴らしい理念であっても、全従業員にそれが浸透していなければ何の意味もありません。

先頃、ラジオに出る機会を得て、私が訪問した数多くの会社のなかでも、特に印象深かった経営理念の話をすることになりました。その際、崇高な経営理念を持つ数々の訪問先を振り返ってよみがえってきたのは、そこに働く皆さんの活き活きとした振る舞い、そして明るい表情です。

長野県長野市に本拠地を置く**中央タクシー**（http://chuotaxi.co.jp/）は、ヤマト運輸の故小倉昌男社長が掲げた「サービスが先、利益は後」をアレンジして、**「お客様が先、利益は後」という言葉を理念の1つとして掲げています**。

長野駅前の客待ちタクシーの列に、中央タクシーはありません。90％以上がほぼ毎日、予約客で埋まってしまうからです。

乗務員には雨の日にお客様に傘を差して上げること、ドアサービスや乗車時に自己紹介をすることが義務づけられていますが、この他のサービスは乗務員が自主的に行っています。たとえば高齢者にはさっと手を貸し、さりげなく買い物袋を運ぶなど、皆、親切すぎるほど親切で、通常、他社では嫌がられる近距離でも喜んで運行するという徹底したサービスぶりです。

感心させられるのは、同社には接客マニュアルがないということと、実は、こうした質の高いサービスは、驚くほど仲のよい社員たちの人間関係によって支えられているということです。

同社の宇都宮恒久会長は「社内のいい人間関係こそが、いいサービスを生み出す」と述べていますし、**「お客様にほめられるのが最強の社員教育である」**という言葉が特に印象的です。

収益力の面でも、同社は長野県の中小企業でありながら、国内有力大手タクシー会社と遜色ない経営力を有し、地方で経営するタクシー会社の9割が赤字といわれるなか、売上は県内トップに君臨しています。

一方、高知県の自動車ディーラー、**ネッツトヨタ南国**（http://www.vistanet.co.jp/）は、

「全社員を人生の勝利者にする」という経営理念を掲げています。

会社概要を見ると、「人間性尊重の理念に基づき、第一に従業員満足を追求する会社です。そして、その従業員の総意としての私たちのあるべき姿として、お客様満足を追求し続ける」と記されており、この言葉に違うことなく、同社は既成の自動車ディーラーのビジネスモデルとは大きく異なる、斬新な事業運営を実践しています。

近年では、日本全国のトヨタ販売会社（295社）のなかでお客様満足度ナンバーワンを連続達成し、自動車文化の発展と地域社会に大きく貢献しています。

初めて同社を訪れる方は、皆驚かれるそうですが、**ショールームはカフェのような雰囲気で1台も車が展示されていません**。

ショールームはお客様のくつろぎの場であり、スタッフとのコミュニケーションスペースという位置づけなのです。

人を本当に大切にする同社は、社員や地域の子供たちの「生きる力を育む」ことを目的に保育園まで併設し、その3階には研修や採用活用のための「ビスタワークス研究所」が設けられています。

同研究所はネッツトヨタ南国の経営理念「全社員を人生の勝利者にする」を具現化した

施設であり、多くの企業の人財・組織開発研修などの場として活用されています。

また、同研究所の代表取締役社長・大原光秦さん、伝え役の結城貴暁さん、ネッツトヨタ南国の取締役相談役・横田英毅さんが講師を務めています。

自動車ディーラーは厳しい業界で、どちらかといえばその仕事は不人気です。しかし、**ネッツトヨタ南国さんの場合は、5人の募集枠に対し300人もの応募者がある**そうですから、このことからも、同社が社会的にどのように評価されているかが推して知れます。

また、辞める人はいなく、社内結婚が多いので、経営陣の人柄もわかるというものです。

とにかく、両社に共通している点は、何事も自分よりも人を優先する、つまり、己を捨てて他を利するという**「利他の精神」**です。そして、そうしたいい会社はいい理念を持っているというのが、私の実感なのです。

坂本教授の
ここが重要

高い理念とそれを具現化できる環境づくりが、会社を強くする両輪です。

第1章

この章のまとめ

- すべての経営資源に勝るのは人
- 人はあくまで仕事を通じて育つ
- 異業種交流などを通じて外部の経営資源を積極的に活用する
- 一番いけないのは先入観で人を判断すること
- 社員はもとより会社にとっても“働く幸せ”は最も大事
- 会社成長の理想は、確実な低成長
- 業績を志向すると必ず誰かを不幸にする
- 働き甲斐こそが会社を強くする源
- 社長の社員観と社員の実際の気持ちは別
- 身近に、はっきり間違いを指摘してくれるブレーンを持つ
- 高い理念とそれを具現化できる環境づくりが、会社を強くする両輪

第2章

人を幸せにする会社経営

成功法則

12

「幸せ軸」を主軸にすれば、業績もブレることなく安定して高くなる

私が、これまで7500社以上の会社を調査して行き着いた結論は、前章でも述べたとおり、「会社経営とは、会社にかかわるすべての人々を、永遠に幸せにするための活動である」ということです。

1社、2社と全国行脚して会社を訪問したところ、約7500社中の1割、約750社が好不況に左右されることのない高業績企業でした。**これらの会社は例外なく「業績軸」ではなく「幸せ軸」で経営を愚直に実践されています。**

この約750社の経営者の方々が、「幸せ軸」ということに気づいているかどうかはともかくとして、皆、業界では「異端だ」とか「あなたが間違っている」などと、当初は批判されていました。しかし、私が「いや違います。北海道にも沖縄にも同じような会社がありましたよ」と言うと、皆さん自信を強くしておられました。

私が提唱する経営学は、何も偉い先生から学んだわけでも、こうあるべきじゃないかと教えられたわけでもなく、優れた経営者が共通して実践されていたことなのです。いずれ

の会社も業績がブレずに安定して高いわけですから、私が行き着いた結論は確信に変わり、これこそが〝経営の王道〟だと思うようになったのです。

残念ながら他と違うことをすれば、周りから批判され揶揄されるのが世の常です。そうしたなか、**1割のブレない会社の経営者の皆さんは「会社とは何か」とあれこれ悩み模索した結果、「人を幸せにし、満足させることだ」という答えを導き出した**のだと思います。

一方、視点を変えて社員の立場から考えると、自分が所属する組織に不平不満を抱いていたら、懸命に仕事をしようとは思わないでしょう。

逆に、自分たちのことを1人の人間として大切に扱ってくれて、皆の幸せを追求するような経営をしてくれるということであれば、会社への帰属心が強くなり、何らかの形で会社に貢献しようという気持ちが芽生えるはずです。これはごく自然な成り行きというか、人間の本質だろうと思います。

とはいえ、「会社にかかわるすべての人々を……」と言っても、その人々とは、誰のことを指しているのかよくわからない面がありますから、私は以下のような「5人」と定義しています。

1人目は「社員とその家族」＝社員だけでなく、その家族を含みます

2人目は「社外社員とその家族」＝仕入先、協力企業、外注さんのことを意識的に「社外社員」と呼び、その家族を含みます

3人目は「現在顧客と未来顧客」＝現在顧客は今日買い物した人、発注した人。未来顧客は、今日は品定めに来たとか、ぶらっと寄っただけでも、近い将来、現在顧客になってくれそうな人たちです

4人目は「地域住民」＝とりわけ障がい者、高齢者などの社会的弱者です

5人目は「株主ないし出資者」＝経営上必須の人たちです

1人目から5人目までを優先順位で定義していますが、1人目と2人目に共通しているのは、いずれもモノを創造・生産する「供給者」ということですから、3人目の顧客より上位に位置づけています。

従来の経営学では、2人目に関して概《おお》ねコスト扱いされ、いかに安く仕入れるかに重きが置かれてきたように思います。しかし実際は、技術・設備・量・納期等々の問題から、自社でやり切れない仕事を依頼しているわけですから、コストどころか力を貸してくれる

大切なパートナー、かけがえのない「社外社員」としておつきあいする必要があるのです。**会社の社員が幸せで、社外社員の皆さんが不幸というのは、一方の犠牲の上に一方の幸せが成り立っている構図ですから、これも正しくない**わけです。

また従来は、3人目の顧客や5人目の株主などが最重要視され、4人目の地域住民への対応は余裕があれば考えるという姿勢が主でしたが、後述するように、いまや地域をないがしろにしては企業の発展は望めない時代になっています。

こうした状況から私は、企業のリーダーたるものは、この1人目から5人目の順番を意識しながら経営にあたるべきだと説いてきました。昔から近江商人は商売の基本を「売り手よし、買い手よし、世間よし」という「三方《さんぽう》よし」と呼んでいます。私は「5人」と定義していますから、**「五方《ごほう》よし」**ということになるかもしれません。

坂本教授の
ここが重要

1人でも「多くの人を満足させる」ことが会社の使命です!

第1章 よい経営の本質とは
第2章 人を幸せにする会社経営
第3章 よい会社の社長・社員が実践していること
第4章 やってはいけない企業活動
第5章 真に強くて儲かる会社のつくり方

成功法則

13 「人に感謝される、喜ばれる」意味を、とことんまで考え抜く

「働く」という言葉は、語呂合わせで「傍《はた》を楽《らく》にしてあげる」と読むことができます。また、「働」という文字は「人が動く」と書きますから、働くことの意味は「傍＝周りの人を楽にさせること」「人のために動くこと」と解釈できます。

ところで、**人には4つの幸せがあるといわれています。1つ目は「人に愛されること」。2つ目は「人に必要にされること」。3つ目は「人の役に立つこと」。そして4つ目は「人にほめられること」**です。

1つ目の人に愛されること以外の幸せは、働かなければ得られないということを、すべての人が強く認識する必要があると思います。つまり、**働かなければ得ることのできない幸せこそが〝働き甲斐〟そのものだということです。**

無論、人に愛されることの幸せといっても、たとえば働くことができるにもかかわらず働こうとしない人を愛そうとは誰も思わないでしょう。そうではなく、一所懸命、世のため人のために生きているような真摯な姿を見て、「ああ、あの人は素敵な人だ」と思うの

です。

東京の渋谷に視覚障がい者の方が20人ばかり働いている会社があります。大切にしたい会社だからこそ私は応援しているのですが、何年か前に、スタッフの方たちにヒアリングする機会がありました。

そのなかの兵庫県から来たという20代後半の女性に、入社したきっかけを尋ねたところ、母親が専門誌の求人広告のなかで見つけた「視覚障がい者募集」という記事だったとの答えが返ってきました。締め切りがすぐだったために、あわてて母親と東京に出てきて面接試験を受けたそうです。結果、滑り込みセーフで採用が決まり、働き始めて半年ということでした。

次いで「仕事はどうですか?」と尋ねると、働き甲斐とか人の幸せとは何かということが本当によくわかる、こちらの背筋が思わず伸びるような話を聞くことができました。

「仕事はたいへんなこともあります。失敗して注意されたり、覚えなければいけないこともたくさんあるので正直たいへんです。いままでこんなにたいへんな思いをしたことはありません。でも毎月、とても楽しく幸せなんです。

私はこの会社で働くまで、人にお礼を言い続けていましたから、幸せって実感したことなんてありませんでした。生まれたことを後悔したし、生きていることが辛くて何度か死のうと思ったこともあります。

でも、この会社に入ってからは仕事はたいへんだけど、毎日、健常者や障がい者のお客様からお礼を言われるんです。だからいまはとても幸せです」

彼女ならではのこの話を聞いて、お礼を言うのではなくてお礼を言われることが、こんなにも心安らぐものなのかと認識を新たにしました。毎日を当然のこととして働いている私たちにはまったく想像もつかない、幸せに対する彼女の強い思いが伝わってきます。

働き甲斐については、前章で紹介した長野県の中央タクシーさんにも、1998年に長野県で冬季オリンピックが開かれた際の貴重な話があります。

長野に世界中からマスコミが殺到するので、オリンピック開催前から県下のタクシーのほとんどが予約で押さえられてしまい、なかにはチャーター代が1日10万円とか20万円という高額のケースもあったそうです。

当然、同社にもそうした要請があったので、宇都宮社長（当時）は乗務員を集めて、「全車は無理でも、この話を受ければ売上も増えるし、これまで以上のボーナスが払えるような仕事だから受けようと思うが……」と話を切り出しました。

すると、何人もの乗務員が手を挙げて、

「社長、それはやめてください。マスコミの相手をしていたら、私たちが日頃お世話をしている、お年寄りや障がい者の皆さんの病院運びとか買い物代行は、誰がするんですか。私たちはお金が欲しくて働いているわけじゃありません。ただ毎日、お年寄りや困っているお客様のために働いて、お客様が喜んでくれる姿を見ることや、顔をクシャクシャにしながらお礼を言われることが生き甲斐なんです」

と口をそろえて反対したのです。正直、この会社の「社員力」の高さには驚きました。

こうしたことを自然に言わせる力がある会社こそ、これからも生き残っていけるのです。

坂本教授の
ここが重要

人に愛されること以外の幸せは、働かなければ得られません。

成功法則

14 人はお金や休みを与えておけば満足するわけではない

アメリカの心理学者の故アブラハム・マズローは、人間性心理学の最も重要な生みの親とされています。人間の欲求を生理的欲求、安全の欲求、社会的欲求、承認（尊重）の欲求、自己実現の欲求という5段階の階層で法則化しており、総じてこれを「自己実現理論」と呼んでいます。

最初の生理的欲求、安全の欲求とは、たとえば、飲み食いしなければ死んでしまうので、食べ物や飲み物を求めること。あるいは、極寒の地で無防備な格好で外に出れば当然命の危険があるので暖かい服を着る、というように、本能的でわかりやすい欲求を指します。

また、人は生理的・安全の欲求が満たされると、社会的欲求、承認（尊重）の欲求を充足しようとします。社会的欲求とは人は1人では生きていけないので、仲間を求めたり、集団に帰属したくなったりする欲求のこと。承認（尊重）の欲求とは、人から認められたいという欲求のことです。

5段階目の自己実現の欲求については、注意が必要です。確かに自分の夢をかなえたり、目標を達成することを求めるのは人として当たり前のことですが、たとえば手段としてのお金とか休み、あるいは出世とか名声などに対する欲求は、私に言わせれば低次元の欲求にすぎません。それよりも私が注目するのは、マズローが晩年、この5段階の上に、さらにもう1つ「自己超越の欲求」という6段階目の欲求の階層があると発表している点です。

わかりやすく言うと、自己超越とは文字どおり自分を超えることを意味しますから、「自己超越の欲求」は「他人のための欲求」と言い換えていいように思います。先述した**〝利他〟の精神、つまり他人のための利益、満足、幸せなどと同じ**だとも思います。

そして、この〝利他〟ということで思い起こされるのが大阪の**天彦《てんひこ》産業**（http://www.tenhiko.co.jp/）という会社のことです。

私は、この会社の社長さんとよく話をするのですが、リーマンショックで売上高が7割も減ってしまったときの対応と社員の反応には、大いに惹かれるものがあります。

売上の大幅な減少となれば当然赤字です。とはいえ、年初に「今年も例年どおり昇給し、ボーナスも出します」と社員に約束してしまっていました。そこで社長は朝礼の場で社員を前にして、

「すみませんが、ボーナスを約束どおり出せない状況です。社員の皆さんのなかには、ボ

ーナスをあてにして、住宅ローンや自動車ローンを組んでいたり、なかには海外への家族旅行などを計画していた人もいると思います。ですから、約束した半分程度ですが、それでも出したいと思います。残りは、会社の皆さんからの借金とさせてください」

と伝えたそうです。

すると、多くの社員が社長の周りに集まり、そのうち1人の女子社員が、

「社長は社員が大切だといつも言っていますよね。それ、本気で言っているならおかしいじゃないですか。こんなときにボーナス出したら会社潰れちゃいます。社長の見栄で会社を潰さないでください。私たちは、この会社が好きなんです。仲間が大好きなんです。ボーナスが欲しくて、この会社で働いているわけじゃありません。撤回してください」

と、迫ったのです。

また、この会社は年に1回、社員とその家族を集めて夏祭りのような催しを行っていますが、その折りも、1人の社員の奥さんがつかつかと社長のそばに来て、

「社長さん。うちの主人、ボーナス出せって、あのとき言いましたか。そんなこと主人は言わなかったと思います、なぜ出したんですか。ローンなんて何とかなりますから、出せるときに出せばいいんです。今回、出してもらわなくても、生活は大丈夫ですから」

と、話しかけてきたそうですから驚きです。

社長さんは誠実な方で、別に見栄でも何でもなく、約束したことを可能な限り果たそうとしただけだと思います。後に社長さんから聞いた話ですが、それこそ夜中に目が覚めて、あの社員の子供は来年大学に行くと言っていたとか、あの社員は最近自宅を建てたから、たぶんボーナスをあてにしてローンを組んでいるはずだなどと、あれこれ思いをめぐらせ悩んだと語っていました。

しかし、結果はどうでしょう。

赤の他人がまさかと思いますが、女子社員の言葉といい社員の奥さんの言葉といい、すべて事実。**お金や休みが多いからといって、人の心は動かない**ということを明らかにしてくれているわけです。

坂本教授の
ここが重要

「自己超越の欲求」は「他人のための欲求」であることを忘れないように。

成功法則

15

大家族主義の会社は「社員満足度」が極めて高い

前項と関連するのが、第1章でも紹介した「社員満足度」です。

以前、20~30人規模の小さな会社と1000人以上の大きな会社の計約200社に対する調査を行ってみて、明らかになったことがあります。

各社の給料、ボーナス、休みなどについて調べてみると、200社中2社の満足度が抜群でした。1社は徳島の会社で従業員数250人、もう1社は横浜の会社で従業員数はたったの8人でした。

この2社は特別給料が高いわけでも、ボーナスが多いわけでも、休みが多いわけでもなく、上場もしていません。それでも、社員の満足度が極めて高いということは、それなりに理由があるわけで、調べてみると徐々にわかってきたことがあります。

その2社に共通していたことは、職場にぬくもりがあって、社員同士の関係も非常に和気あいあいとしていることでした。私はよく「大家族主義」と呼んでいますが、文字どおり、まるで家族を大きくしたような会社は、非常に個々人を大切にしており、愛情のある温かい空気に包まれているものです。

前項でもみたように、人の満足はお金や休みの多さなどでは得られませんし、そうしたことで人がついてくると思ったら大間違いです。

最近、いわゆる〝ブラック企業〟を含めて、よく知られている大企業や中規模クラスの企業を辞めてしまう人が非常に増えています。しかも、給料・賞与・休暇・福利厚生が充実している上級職の公務員でさえ辞める人が多くなっているそうです。

こうした状況を考えると、どうみても、給料の高さや休みの多さといった表面上の労働条件だけでは、もはや人の心はつかめない時代になっているのは明らかです。もっと大切な**生き甲斐とか、愛情ということのほうが、はるかに人の心を魅了し、優れた組織風土を形成するのに役立つ**のだと思います。

坂本教授の

ここが重要

労働条件よりもぬくもりや愛情といった労働環境こそが、会社を伸ばすカギとなることをお忘れなく!

成功法則

16 規模が小さいことを業績悪の言い訳にしない

日本の会社の99・7%が中小企業です。

大企業と中小企業の違いについては、一般的に規模が大きい企業が大企業、規模が小さい企業が中小企業、あるいは大企業は生産性が高く、中小企業は低いという見方があります。しかし、私の見方は、まったく異なります。

大企業は、大きな市場を対象にしている企業であり、中小企業は小さな市場を対象にしている企業ということであって、資本力や生産力、賃金の高さ、ブランド力の有無、また、上場しているかいないかなど、まったく関係ありません。両者の違いをあえて挙げるとすれば、その役割です。

大きな市場も小さな市場もマーケットであることに違いがなく、技術などを必要としていることに変わりはありません。ですから、どちらがいいとか悪いとかといった関係ではないのです。このように両者をとらえて住み分けすれば、中小企業の問題は明らかになってきて、よりスムーズに問題解決できると私は思っています。しかし、現実はそうではありません。

よく見受けられるのが、**規模が小さいことを口実に自社のダメさを嘆く経営者**です。大企業の下請けであるためにコストダウンを強いられたりするので、業績が下がれば当然のように大企業のせいにするのが世の常です。

確かに許しがたい、理不尽なことを要求する大企業があるのも事実です。しかし、そうした会社を選び取引を決定したのは経営者自身なのですから、被害者意識を抱いていても何ら前には進めません。

そうした経営者は、そもそも**大企業と中小企業では役割が違うことをはっきりと認識する必要があります**。

私は講演先などで両者の違いを、**大企業は海で泳ぐ大きな魚、中小企業は川や池で泳ぐ小さな魚**にたとえて説明するようにしています。

海で泳ぐべき大きな魚が川に来たら干上がってしまい、川や池で泳ぐべき小さな魚が海に出たら大きな魚に食べられてしまいます。つまり、**生きる世界が違うので、自分の世界を見誤ってはならない**ということです。

つまりは、**小さなマーケットは大企業にとってふさわしくない**わけで、図体が大きい分、中小企業よりも固定費はかかるし、大きな魚と同じですぐに方向転換するのも容易ではありません。

私は、これまで中小企業に対して、「家族的経営」「全員参加型経営」「小回りが効いた経営」「スピードを生かした経営」「小ロットの経営」「変化に対応するフレキシビリティ経営」など、各社に応じたアドバイスを重ねてきましたが、こうした経営はどう転んでも大企業には無理です。

小さいなら小さいなりに利点がたくさんあるわけで、規模の小さなニッチマーケットとかスキ間産業とか、いろいろなターゲットあって、そこを対象にビジネスを展開して成功している中小企業も少なくありません。しかし残念なことに、中小企業の多くが大企業を拠り所にしているのが現実なのです。

小さいなりの利点といえば、宮城県仙台市郊外の秋保温泉にある**主婦の店・さいち**という、おはぎとお総菜を売っているスーパーのことが想起されます。

店舗は1つだけで、80坪ですからそれほど広いとはいえません。とはいえ終日、たいへんな繁盛ぶりで、その状態が20年以上続いているといいますから、何か特別なことがあるように思われますが、**ただ愚直に手づくりにこだわっているだけ**です。

おはぎの売れ行きは、平日の場合1日に約5000個、休日にはその倍も売れるそうで、**年商6億円の半分は、おはぎの売上**だといいます。

素晴らしい点は、今日つくったおはぎを今日売るというのがモットーであること。これにしたがい「つくりたてを食べてほしい」と、パートの女性たちが営業時間中、おはぎをずっとつくり続けています。

もし、私が夕方5時に行って、「翌日のおみやげ分を含めて20個くらい欲しい」と言ったら、「いや、やめてください。時間が経つとおいしくなくなりますから、今日食べる分だけにしてください」という言葉が返ってきます。

つまり、あくまで〝手づくりのおいしさ〟を売りにしており、日持ちさせるために添加物を入れたりして、量で勝負している大企業には、これは到底まねできないことです。

坂本教授の
ここが重要

小さい企業は「海」ではなく「川」で勝機を見つけることが肝要です！

成功法則 17 小さい組織ならではの長所をしっかり把握する

静岡県富士市の**杉山フルーツ**（http://sugikiyo.com/）も、小さな個人商店の果物屋さんながらずっと繁盛しているお店です。

高級フルーツで知られる千疋屋や新宿高野の1店舗当たりの売上高より、こちらの売上高のほうが高く、**過去20年以上、不況になったことがないという驚異のお店**です。

その理由は、接客サービスやラッピングのレベルの高さにもありますが、何といっても特徴的なのは、市場や農家から買ってきた果物の品質をすべて再吟味して、1つずつ並び替えて店頭に置いているところにあります。

お歳暮やお中元の折り、果物が贈られてきて、たまに箱の底のほうに傷んだものが入っていて、がっかりすることがありますが、そんなことは一切ありません。

味見をし、自分たちが満足できない果物は売らないうえに、1つずつ取り出して、丹念に調べ、並び替えまで行います。当然これはしんどい作業で、大手企業がやりたがらない仕事です。しかし**杉山フルーツは、手間ひまを惜しまないことでお客様の信用を得て、成**

功したのです。

また、手間ひまを惜しまないといえば、私がこれまでの本で紹介したり、テレビでも紹介されているので、ご存じの方も多いと思いますが、神奈川県の**さくら住宅**（http://www.sakura-jutaku.co.jp/）というリフォーム会社が挙げられます。

県下で4店舗を展開している同社は、電球の交換や障子の張り替えなど、家のちょっとした困りごとを快く引き受けることで、地域住民に愛されてきました。

飛び込み営業はせず、客の7割がリピーター。小さな補修工事を丁寧にこなすことが大口のリフォーム受注につながり、**18年連続で黒字経営を達成**しています。

こうした他にはないビジネスモデルを築いた背景には、社長の二宮生憲氏が経験した苦い過去がありました。かつて大手住宅メーカーに勤務していた二宮氏は「家を売ったら、それでおしまい」という、当時の業界の常識に疑問を抱くようになります。そこで50歳を期に独立し、お客様が幸せになる会社を目指すことを決意したのです。

同社は、小さな補修工事から、お客様の細かい要望に応える大リフォームまで、いまや地域になくてはならない存在になっています。

また、そうした同社に対して、顧客は値引きなど要求しません。ですから同社は、**価格**

競争路線をとらずにすんでおり、その分、職人さんへの待遇が手厚いことでも知られています。つまり、**職人さんが給料に見合った仕事をすることで顧客も満足し、関係する人すべてが幸せになれる仕組み**ができ上がっているということなのです。

さらには、大手銀行に比べれば、はるかに規模が小さいものの、さくら住宅さんと同様に地域になくてはならない存在となっているのが、東京都豊島区に本店を置く**巣鴨信用金庫**（http://www.sugamo.co.jp/）です。

同信金は**「喜ばれることに喜びを」**というモットーを掲げていて「これが金融機関なのか」と、思わずうなるほどのサービスを提供しています。

たとえば、金融機関の窓口サービスは午前9時から午後3時が一般的ですが、同信金はこれを「自分側の論理である」として改め、平日の月曜から金曜の毎日午後3時以降5時まで、「サービスデスク・アフター3」というサービスを実施。ＡＴＭ（現金自動預払機）コーナーの来客に窓口と同様のサービスを提供しています。

また「出前バンキング」というサービスでは、その名のとおり金融機関に行きたくても足が不自由で行けないお年寄りなどのために、たとえ少額でも、同信金の職員が足となって同行のすべての金融サービスを代行します。

加えて、巣鴨地蔵通り商店街の縁日「四の市」での「おもてなし処」というサービスも提供しています。

これは、多くの人出でにぎわう「四の市」の日に、商店街の入り口にある同信金本店の3階ホールを「おもてなし処」として開放し、午前10時～午後2時50分のあいだ、職員が茶菓を振る舞うというサービスです。

このように規模が小さくても、足下を見ればできることがたくさんあるにもかかわらず、市場が小さいからダメだとか、納期が短いからダメだとか、大企業の下請けになっているので、単価が厳しいだの辛いだの……。そんなことばかり言っているような経営者は、小さいからこそできることは何なのか、いったい中小企業は何のためにあるのか、一度じっくりと考える必要があるでしょう。

坂本教授の
ここが重要

まずは足元のニーズを見つめ直してみるところから、自社の強み探しを始めてみましょう。

成功法則

18 経営者1人の力には限界があるという現実としっかり向き合う

会社を経営していて暇だという人はまずいません。暇だという人は会社自体に仕事がないとか、自分の仕事をほとんど他の人にやらせているとか、単なるお飾り的存在であるとか、そういう人です。

逆に、**いつも忙しくて暇がないという経営者ほど、あれもこれも自分で処理してしまおうとするクセがあるので、ついついオーバーワークになってしまいがち**です。

しかし、時間を有効に活用するように努め、それでも間に合わなければ食事の時間や睡眠時間を削って仕事をせざるを得ないという状態は、すでに尋常ではないわけですから、自分の能力の限界を冷静に判断する必要があります。

超多忙な状態になると、私も「もう1人自分がいたら」とか「1日が30時間あれば」などと、非現実的なことを考えたりすることがありますが、自分のクローンなどあり得ない話なので、どうしても誰かの力を借りなければならなくなります。

私は人間の能力について語るときに、各人の能力を一升枡にたとえて説明するようにしています。

人間は誰でも一升枡分の能力を備えていますが、一升枡に入っているものの種類も、置かれている場所も違います。

また、枡の分量を超えればあふれ出てしまいますし、足りなければ補わなければなりません。

しかし、**優秀な経営者や社員は、自分の一升枡がそのように不安定な状態に陥ったときに、他の人の一升枡を上手に活用することを心得ていて、事態を解決することにたけています。**しかも、相手もそれを喜んでやってくれるように、人心掌握術、あるいはコミュニケーション能力も概して優れているのです。

では、**1人の力には限界があると感じている経営者は何をすべきかというと、社内に自分の分身を育てること**です。1人が2人、2人が3人と、その数が増えていけばいくほど〝鬼に金棒〟です。

昔から優れた人物には、一を言えば十をやってくれるような右腕とか腹心、名参謀と呼ばれる人が存在しました。

よく知られているところでは、パナソニックの創業者・松下幸之助氏と大番頭の高橋荒太郎氏、ソニーの創業者・井深大氏と盛田昭夫氏、本田技研工業の創業者・本田宗一郎氏と藤沢武夫氏などの関係がそうでした。

日進月歩で世のなかが変わっている状況で、多くのことを速やかに自分1人で判断することなど、まず不可能だといえますし、何もかも自分でやればいいという考えなど、いいわけはありません。

さらにいうと、特に中小企業の場合は、上意下達的な経営はやめ、全員参加型の経営にすべきです。権限をトップに集中しすぎないようにして、可能な限り権限を社員に委譲すべきでしょう。

あるいは、聞く耳を持って社員から尊敬されるような経営者になる。何でも言える組織風土をつくる。そのように社内環境を整えなければ、経営者の分身など育たないでしょうし、下手をすれば〝裸の王様〟と化してしまうことになりかねません。

以前、ある会社の社長さんから、「自分の仕事をなかなか社員に任せられずに困っています。どうしたらいいですかね」と質問されたことがありました。

そこで私が「経営者の仕事は、社員のモチベーションを高めることです。営業するとか、コストダウンを図るとか、銀行に行くとかは経営者の本来の仕事ではありません。そんなことをしているから社員が育たないのではないですか」と言うと、その社長さんは「なるほど」と納得していました。

経営者の仕事は、1つ目はどこに行くか方向を明示すること。2つ目はやるかやらないか決断すること。3つ目は社員のモチベーションを高めることです。

特に重要なのが3つ目で、**自分が示した方向、決めたことに対して、全従業員が全身全霊で価値ある仕事に取り組んでもらえるように、よい環境を整えるというのが経営者にとって一番大きな仕事**です。

また、社内に自分の分身を育てることや、社員のモチベーションを高めることもむずかしいということであれば、第1章で紹介したような異業種交流に活路を求めるなり、日頃から信頼できる顧問やアドバイザーなどに意見を求めるのも良策だと思います。

坂本教授の
ここが重要

1日24時間、1年365日という限られた時間から逆算して経営方針を考えましょう!

第2章

この章のまとめ

- 「幸せ軸」を主軸にすれば、業績はブレることなどない
- 人のために働くということをとことん考え抜く
- “利他”の精神を常に忘れない
- 大家族主義の会社は「社員の満足度」が極めて高い
- 規模が小さいことを業績の停滞、悪化の口実にしない
- 会社が小さいからこそできることは何なのかを、じっくりと考える
- 時間には限りがあることを前提に経営のあり方を考えてみる

第3章

よい会社の社長・社員が実践していること

成功法則
19 言葉を直接伝えることを大切にする

言葉に関する本が、書店に行くとたくさん並んでいます。ビジネス、暮らし、教育などの分野別に、懇切丁寧にハウツーが記されている本を開いてみると、いかに言葉が私たちにとって大切かがわかります。

言葉使いだけをとってみても、「ら抜き言葉」をはじめ、「ぜんぜんイケてる」「ヤバイ」「ウケル」などのいま風の乱れた表現、あるいは間違った敬語や助詞の使い方等々が指摘されています。

これは時代の流れともいえるのでしょうが、言葉は古くから「言霊《ことだま》」といわれてきたくらいですから、どんなに情報化が進んだといっても、きれいに正しく相手に伝わるように使いたいものです。

また、近年、言葉による暴力、いわゆるパワーハラスメント（職場の権力＝パワーを利用した嫌がらせ、略称パワハラ）が社会問題の1つになっています。とにかく、**言葉は選び方次第で、よくも悪くも作用するということを忘れてはならない**でしょう。

近年、オフィスがワンフロアだったり、デスクが隣同士だとしても、メールやラインといったSNS（ソーシャル・ネットワーキング・サービス）で情報交換するのが当たり前になっています。その一方で、顔を合わせて会話したり、メモ書きなどで用件を伝えることを面倒に感じて避ける風潮が強くなっています。

つまり、**話すことと書くことが急速に「打つ」ことに替わってきている**ということ。これでは「言葉で伝える」機会がどんどん失われ、同時に、言葉を大切にする意識も文化も薄れるばかりだと危惧しています。

メールやSNSだけでは、意思伝達が十分にできるとはとても思えません。

話すときの抑揚や表情、身振りや手振り、言葉の使い方で、相手がすぐにやってほしがっているのか、あるいは、まだまだ余裕があるからゆっくりでいいのかなど、文字では表現されていない感情も感じることができます。

ですから、ダイレクトに言葉を交わさなければ、お互いの意思は伝わりにくく、感情も読み取りにくいのは当然のことなのです。

やはり、**メールやSNSはあくまで補完的なツールとして使うべき**で、このことをよく理解している会社では、情報の共有化と社員同士のコミュニケーションをフェイス・トゥ・

フェイスで図るようにしています。

たとえば、できるだけ社員が交流しやすいようにフロアをレイアウトしていたり、なかには、会議室や打ち合わせ用のミーティングルームを、オープンカフェのような雰囲気にしている会社もあります。

また、会社内で言葉の大切さを社員が実感する場といえば、朝礼、会議、研修、面談などの機会でしょう。

特に全社員のモチベーションを高めるための朝礼の場は、社長さん、工場長さん、部課長さん、班長さん、あるいは当番制で誰かが発言するにしても、言葉の使い方が問われます。内容をどうするかに気を取られがちでしょうが、是非、きちんとした正しい日本語で話すことも心がけてほしいと思います。

一方で、会議などの場においては、依然としてトップダウン方式というか、上意下達的な会議が多くみられます。しかし、言葉を大切にすることがモチベーションの向上につながることを鑑みれば、自由にものごとが言い合える雰囲気が大切なのは、火を見るより明らかです。

ですから、**経営者にとって、いかに話しやすい社内の環境を整えていくかが、重要な任**

務の1つとなります。

また、面談も会議の場と同様に大事です。面談の重要性については、すでに第1章で述べたとおりですが、やはり最低1年に1回、できたら2回は実施したいところです。

なぜなら、**大きな会社の場合は部門長と社員、小さい会社の場合は社長と社員という具合にマンツーマンで面談をすれば、それが言葉を伝え、また言葉を聴く大切さを知る絶好の機会にもなる**からです。

お互いに理解を深めるため、ひいては会社のモチベーションを向上させるためにも、上司との面談の場や仲間との交流の場を定期的に設けることが重要です。

もちろん、仲間と言葉を交わし合う場として、ランチミーティングやアフターファイブのいわゆる〝ノミュニケーション〟なども有効ですから、積極的に活用してみましょう。

坂本教授の

ここが重要

言葉を交わし合う場、仕かけを、まずは、きちんと設定することが大切です。

成功法則

20

使う側・使われる側という考え方をしない

会社は経営者、社員、株主、銀行といった特定の人のものではなく、社会全体のものです。また、あくまで社長は社長、部長は部長、社員は社員という役割を担っているだけですから、使う人が社長で使われる人が社員と考えるのは、そもそもおかしいわけです。

さらには、人それぞれ人格、識見、能力の違いがあるとはいえ、そうした肩書きをモノサシにして、一番上の人が社長、その次の人が専務、一番低い人が平社員などととらえるのも間違っています。

世のなかには、「社長は俺なんだから、言うことを聞け」とか「会社が嫌なら辞めろ」などと平気で言う人がいます。また逆に、社員のなかには「私には何も責任がありません。言われたことをやっているだけです」などと開き直る人もいます。

しかし、私がよく「会社は家族」と言っているように、会社は運命共同体で同じ船に乗っているようなものですから、もともとそこには、損だとか得だとかという対立関係は存在しないはずなのです。

私は、ときどき労働組合から講演を頼まれることがあります。その際に組合員の方から「これだけ会社は利益が上がっているので、もっと自分たちに利益を配分すべきです。でも会社側は、設備投資などがあるから、そんなに支払いはできないと言います。会社とどんな闘い方をすればいいですかね」などと相談されたりします。

そうした場合、私は、組合も会社も間違っている点を指摘するようにしています。年間とか半期、あるいは四半期で出てきた売上高や利益などの数字を見て、利益配分について経営者側と労働者側がもめるのは、双方にとってよいことではありません。

大切なことは結果を見てからではなく、あらかじめ分配の法則を明示して、経理の内容を公開することです。また、利益をどのように配分するかについては、経営状態には波があるので、たとえば利益の幅に応じた変動制をとる、といったように、経営者側と労働者側が十分に納得できる基準を設けておけば、双方がもめる要因はなくなります。ですから、そのための**情報公開をきちんと行うことが重要**になってくるわけです。

ところが、情報公開に疎いというか、何ごとも結果だけを社員に伝える経営者がいます。社員は仕事を通じて、会社がいま儲かっているのか儲かっていないのかを肌で感じていますから、経営者のさじ加減で給与や賞与の幅が決められるというのでは、社員のモチベーションなど高まるはずがありません。

逆に、経理の内容が正直に公開されて赤字だとすれば、その原因に社員の意識は向けられることでしょう。一方的に経営者側に責任を問う社員がいたとしても、このシステムなら、無理に給料を上げろとか、賞与を出せとは言いにくくなるはずです。もっとも、もともと経営状態がよければ、こうした問題は起こらないわけではありますが……。

私はよく経営者の責任と役割について、**①公私混同しないこと、②情報公開に努めること、③社員を経営に参加させること、**の3つの重要性を説くようにしています。

特に3つ目が重要で、**経営感覚のある社員が多ければ多いほど会社の底力は盤石なものとなり、経営は安定して成長を遂げていく**はずです。

社員の経営参加意識を強めるための方法として、だいぶ前から社員に対する株式配分によるインセンティブ方式を採用する企業が増えています。

これと同様の方式を前章で紹介した神奈川県のさくら住宅が採用していて、同社の場合は、なんと**株主の65%が顧客である上に、社長の持ち株数よりも全社員の株式数のほうが多い**そうです。

ということは社長、社員、顧客を問わず、「会社はみんなのもの」という認識が共有できているわけですから、そこには使う側、使われる側という対立構造はあり得ません。まさに、同社は共存共栄を図っている模範的なモデルと言えるでしょう。

以前、親しい大学教授から聞いた話です。その教授はマーケティングの分野では知られた方ですが、強く請われ、有名大学の定年まで1年残してある地方の私立大学に招かれました。

あるとき教授会に参加した法人理事長が「あまりにひどい、毎年」と繰り返すので、その教授は「理事長さん、この大学は誰のモノだと思っていますか」と問いかけました。するとその理事長は自分を指さし「俺が金を出して開学したのだから、俺のモノだ」と、真剣な顔で言ったそうです。余談ですが、その大学はその後、倒産しました。こうしたケースも反面教師として覚えておいてほしいと思います。

坂本教授の
ここが重要

会社はみんなのものという意識から、経営を考えてみましょう。

成功法則

21 社長、上司への不信感こそ、社員のやる気減退の最大要因となる

ご存じのように、率先垂範とは「先に立って模範を示す」という意味です。社員はリーダーの背中、その一挙手一投足を実によく見ています。社員はリーダーの言動を見て自らの立ち位置を決めているのはもとより、そのリーダーの価値も評価しているのです。

したがって、**上に立つ人の言動に問題があれば、下の人もいかがなものかと思うような言動となり、逆に、上に立つ人が率先垂範を旨とする人であれば、下の人も率先垂範を旨とする人になる**のです。

昔から「親の背を見て子は育つ」「三つ子の魂百まで」と言われているように、上に立つ者の姿というものは、その下に続く者たちへ長きにわたって影響を与え続けます。

ところが、世間にはそんなことにはまったく思いを至らさない、考え違いの経営者もいます。たとえば、勤務時間が午前8時から午後5時までなのに、平気でお昼頃に出社して、夕方4時頃には退社してしまう。社員は電車で通勤しているのに、自分は運転手つきの高

級車に乗っている。毎週のようにおつきあいと称してはゴルフ三昧……。

こんな社長をときおり見かけますが、それで社員に「しっかり働け」と言っても、何をかいわんやという話です。確かにつきあいは大事だとしても、ゴルフや酒席の場に何も社長が全部出向く必要はありません。専務や部長、課長を含む全社員が会社の代表なのですから、誰が参加しても同じなのです。

ところが、これ幸いとばかりに社長自らが交際費を一番使っているケースが多々あります。休日に家族で利用したレストランの領収書まで経理担当に渡していたりするようでは、社員の不信感が募るのは当然のことです。あるいは社員も「自分もやっちゃおうか」ということになり、これでは率先垂範どころか〝悪の見本〟以外の何ものでもありません。

以前、私は社員のモチベーションが下がった理由について調査したことがあります。その際、「評価が低かったため」「給料が下がったため」「期待通り出世できなかったため」など、回答の選択肢を10ばかり用意したところ、**一番多かった理由は、「社長や上司に対する不信感」**でした。

いい加減な社長や上司は、権威や立場を後ろ盾にしてリーダーシップを発揮しようとしますが、それはリーダーシップでも何でもなく、社員にとっては多分に感情的で理不尽な言動にしか見えません。

東京の千代田区に**昭和測器**（http://www.showasokki.co.jp/）という振動測定器などを製造している会社があります。鵜飼俊輔さんという方が社長で、八王子市高尾にある工場の社員を合わせても総勢30人くらいの小さな会社です。

この会社では、それぞれ役割をきちんと果たすと同時に、**社員全員で社内・工場の掃除をすることになっていて、社長にも床掃除やトイレ掃除などの当番が回ってきます**。

よって社長とはいえ、皆が掃除しているあいだに、社長室でゆっくりコーヒーを飲んでいるということはありません。無論、社員全員がそうした社長の姿勢についていっているわけですから、同社はまさに率先垂範を地で行く会社だといえます。

また、大阪市西淀川区に**島田**（http://www.shimadakk.com/）という、エコ建材の販売、家具製作、内装工事などを手がけている会社があります。同社の2代目社長の島田博史さんは、従業員40名程度の自社に社長室はいらないと考え、社長室をつぶして従業員の憩いの空間と社員食堂に変えました。

島田さんは、区切られた社長室にいれば、自分の耳に聞こえのいい情報しか入ってこないし、情報の正確性が途中で絶たれることになって、何より従業員とのコミュニケーションがとりにくいと考えたのです。

社長室を新しい空間に変えることによって、従業員とのコミュニケーションの密度を高め、モチベーションがさらに上がることに気づき、それを実践した、これもまた、まさに率先垂範の好例といえます。

「日本でいちばん大切にしたい会社大賞」の審査のため、同社を訪問した際、社員と一緒になってトラックに荷物を運び込む社長の姿を見ました。

私は島田社長に「立派ですね」と声をかけたところ、島田社長が「いやいや。私が一番自由がきく人間ですから……」と、謙遜しながら話してくれたのを、いまでもよく覚えています。

こうした姿を背中で見せることにより、社員はさらに育つのです。

坂本教授の

ここが重要

社員は絶えず上司、経営者の背中を見ていることを忘れてはなりません。

成功法則 22 「自利」よりも「利他」に重きを置くと、会社の「敵」は減り、「ファン」が増える

これまでも触れてきたように、他人の利益のために何かを行うことを「利他」といい、これとは逆に、自分の利益のために何かを行うことを「自利」といいます。よい会社の社長や社員に共通しているのは、いつでもどこでも誰でも「利他」の精神で仕事をしていることです。

表現を変えれば、「利他」の精神に基づく仕事では、自分が儲かるとか儲からないとか、勝つとか負けるとかに判断基準が置かれるのではなく、常に相手の利益、ひいては相手の幸せが優先されるのです。

私は、**経営は基本的にファンを増やすこと**だと思っています。もとより、そのファンには社員という名のファン、顧客という名のファン、地域住民という名のファンなど、さまざまなファンが含まれます。まるで、**自分が会社のオーナーのように思い入れを持つ人が多い会社ほど、いい会社**なのです。しかしながら現実は、多くの会社がファンどころか、まるで敵を増やすような経営をしていると思えてなりません。その結果、あんな会社には

二度と行くまいと思うばかりか、周りの人たちにもそのことを伝えていきます。その結果、会社は衰退していくのです。

ある営業マンから聞いた話です。

この人は「利他」を重んじて仕事をしようと思ってる誠実な営業マンですが、ある日、上司からもっと売上を上げるように命じられました。上司はその方法について、最初はできるだけ高い製品を売り込み、相手が商品知識が豊富で手ごわそうであれば、順次価格の安い製品を売り込むよう指示しました。

それはお客様の都合よりも会社の都合を優先する、まさに「自利」の仕事そのものなのでしたが、その誠実な若い営業マンはその場では反発することもできず、非常に困ってしまいました。それで、たまたま私の講義を聞いていたので、研究室まで相談に来たのです。

その営業マンが言うには、上司から指示された得意先の社長さんの年齢は、すでに70歳をはるかに超えています。上司の指示どおりに20年償却の高額な新しい機械を売り込めば、後継者のいないこの社長を苦しめるだけです。それを承知で「是非これを」と勧めるのは間違っていると思います。こうした場合、営業マンである自分はどうすればいいのでしょうか、といった内容の相談でした。

後継者がいなくて、あと数年で廃業予定ならば、いま使っている機械を長持ちさせる方法をアドバイスするとか、もっと安価な中古の機械の導入を検討するとか、この社長さんの身になっていろいろ考えてあげるのが正しいと思います。

けれども、そんなアドバイスをしたら会社に顔向けできないし、自分のボーナスも減ってしまいます。もちろん、こんな会社やそうした上司の考えは間違っています。**相手の悩みにつけこんだり、知らないことに乗じて営業するのは、詐欺みたいなもの**です。ですから私は、その誠実な営業マンに対し「真に顧客のためになる正しいことをしなさい。必ずそれはやがて報われますよ」とアドバイスしました。

このように、**経営者や上司に「利他」の精神がないと、さまざまな方面でファンどころか敵をつくってしまう**のです。

55年前に京都で創業された**MKタクシー**（http://www.mk-group.co.jp/）という会社は、サービスが行き届いていることで知られていて、先に紹介した長野県の中央タクシーがモデルにしたという会社です。

かつて、この会社のタクシーに乗った際、驚かされたことがあります。概ね次のようなことが書かれた車内の張り紙を見たからです。

※次の4つを怠る運転手には料金を払わなくて結構です。
①（降りてきて、ドアを開けてお客様を乗せたあとの）挨拶と自己紹介。
②（間違えないための）お客様が指定する場所の復唱。
③（降りてきて、ドアを開けてお客様を下車させたあとの）挨拶。
④（「お忘れ物ありませんか」という）確認。

こうした気遣いは、まさに「自利」ではなく「利他」の経営そのものなのです。同社が、日本でも屈指の稼働率を誇り、顧客に強く支持されるタクシー会社の1つになった理由は、ここにあったのです。

坂本教授の
ここが重要

自分のためと思うから間違える。人のためと思えば間違えない！

成功法則 23 人生は1回きりなのだから、何より自分の時間を大切に働く

経営の原理原則は、「喜びも哀しみも苦しみも、ともに分かち合う」ということです。ですから、誰かの犠牲の上に成り立つ経営は正しくありません。

私は、このことを**「まん丸経営」「五方よし経営」**と呼んでいます。

どこかに偏らずに、バランスよく皆が幸せを感じるような経営が理想の姿なのです。**お客様を大切にするあまりに、社員とその家族などが犠牲になる経営は正しくない**と思います。お客様は大切ですが、勝るとも劣らないほど大切なのは、社員や協力企業などで働く社外社員さんです。

なぜなら、**お客様にとって感動的な商品を創造したり、感動的なサービスを提供するのは社員**だからです。

その社員が、連日長時間残業などで疲労困憊していれば、「お客様の前でニコニコしろ」と言っても無理な話ですし、上司の理不尽な指示のせいで社員が腐りきっていれば、お客様のためにと言われても、うまく仕事ができるはずありません。

第2章でボーナスに関するエピソードを紹介した大阪市の天彦産業、私は「まん丸経営」について述べるときにも、よくこの会社の話をします。

同社には、社員の子供さんの入学式や参観日の日に、社員を半強制的に休ませる決まりがあり、社長の樋口友夫さんは、日頃から何よりこのことを優先するように言っています。

ある日、仕事熱心な中間管理職が部下の社員から「子供の入学式があるので休ませてほしい」と言われました。それに対し、その日は間違いなく忙しくなることが予測されたので、「その日はかなり忙しいので、悪いけど出てきてくれないか」と答えます。そこで、部下の社員は「わかりました」と言って現場に戻りました。

仕事が間に合わなければ、お客さんから文句を言われ、会社の信用にもかかわることなので、中間管理職の言い分にも一理あります。

ところがそれを伝え聞いた社長は、その上司を呼び「君はまだわからないのか。小学校、中学校の入学式は一生のうち1回しかないじゃないか。その一生に1回しかないチャンスを奪うのか。休ませてあげなさい。あんなに役に立たないかもしれないが、彼の代役は私がやる」と、言ったそうです。

いまでは、この会社は入学式や参観日、卒業式など子供のメモリアルデーには全社員が誰にも気兼ねせず堂々と休むそうです。しかも、事前に仲間はその予定を知っているので、〝お互い様意識〟が見事に醸成されています。

また、静岡県の浜松市に**沢根スプリング**（http://www.sawane.co.jp/）という会社があります。数年前に中小企業庁長官賞を受賞していますが、この会社の注目すべき点は、**残業時間がほとんどゼロ**ということです。

社員1人当たりの1カ月の残業時間は約5時間。勤務日数20日で1日の残業時間は15分。しかもその15分間は、手を洗って挨拶して終わりです。

なぜそんなことをやっているのかというと、この会社は**「たった1回の人生だから、自分の時間を大切にしなさい。人間が一番幸せを感じるのは家族団らんのひと時だから、早く家に帰りなさい」という考え方を大前提にしている**からなのです。

もちろん、こうした考え方が理想的なのは理解できたとしても、たとえば夕方5時頃に取引先から注文が入った場合、どう対処しているのか疑問に思う方も多いことでしょう。

実は、**そうした注文は基本的には断るのが同社の姿勢**なのです。

なぜそんなことができるのかというと、**急な注文を断ってもやっていけるように会社の体制をつくり上げている**からです。有名メーカーとは真逆で、製品在庫を十分すぎるほど保有するとともに、無茶なことを言われないために、特定の企業との取引に過度に依存しない経営を行っているのです。

もとよりその基礎的前提は同社の商品力にあります。ちなみに、同社の取引先は、国内外合わせて数千社にも上るそうです。つまり、在庫と取引先を数多く分散させたことが、同社最大の強みになっているわけです。

しかも経営理念に、**「社員が健康で幸せになり、80%で満足し働く喜びや自己成長を感じられる会社にする」**と謳っているとおり、8割操業でも社員がのんびり楽しく、仕事ができる基盤が整っています。つまり、突発的かつ例外的な注文があっても、少し操業スピードを早めれば対応できる仕組みができているのです。これも同社の強みであることは言うまでもありません。

坂本教授の
ここが重要

「お客様第一主義」は大切です。でも、「お客様偏重」では会社がいびつになってしまいます。

成功法則 24
従業員の幸せが、お客様の幸せにつながる

長野県須坂市の山里にある**仙仁《せに》温泉・岩の湯**は、1年待たないと予約が取れないという評判の温泉宿ですが、**これほど、お客様だけを優先しない宿は珍しい**というか、他にないでしょう。

実はこの宿、**従業員のために年間30日程度の定休日を設けている**のです。3月下旬から4月初め、5月5日の子供の日、お盆、クリスマス、暮れから正月にかけてなど、従業員一同きっちり休みを取っています。

普通、こうした業界では交替で休むシフト制をとっていますし、ましてや岩の湯のように定休日を設けているホテルや旅館など聞いたことありません。

岩の湯が、なぜこうしたシステムをとり始めたのかというと、その原点は社長さんの子供時代にさかのぼります。いまの社長さんは2代目です。子供の頃、夏休みなどが終わって学校に行くと、みんな「どこそこに連れて行ってもらった」「こんな遊びをしてきた」という話をしています。しかし、自分は家の仕事の都合でそうしたことがないので、とて

もつらい思いをしたそうです。

そこで自分が社長になると、「従業員はみんな休みの日でも何も言わずに働いてくれているが、きっと子供のことで後ろ髪引かれるような思いで仕事しているはず。これは自分のほうから言わないと」と考え、いまの制度に変えたそうです。

普通だったらホテルや旅館は、連休などは掻き入れどきですから休むことなどあり得ません。また許しがたいことですが、サービスも料理も部屋の環境も何も変わらないのに、繁忙期に料金を高くするというのも一般的です。

そうした傾向と正反対の商いをして、しかもお客様から高い評価を得ている岩の湯からわかること、それは**いまの時代みんなが幸せになるための知恵が求められている**ということなのです。

坂本教授の
ここが重要

皆が幸せになるにはどうすべきか、一度考えてみてはいかがでしょうか。

成功法則
25
コミュニケーションの輪を限定しない

できる人は、できない人と比べてはるかに人的ネットワークが広くかつ深い、つまり、多くの仲間がいるという特徴があります。なぜ、そうしたことができるのかというと、コミュニケーションの輪を限定しない生き方をしているからです。

日本人だろうが外国人だろうが、老若男女の誰でも拒まずに会うようにするのは、非常に大事なことだと思います。

私自身、よほどのことがない限り、基本的に人に会うのを断ったことはありません。そのわけは、10人に1人とか100人に1人であっても、会うことによって教わることがたくさんあるからです。たとえば、とてもためになる資料をもらうとか、話をひと言交わしただけでも大いに参考になるとか、そういう出会いが期待できるからです。

本当に会ってよかったと思う人は、100人に1人かもしれません。しかし、その人が最後の100人目の人ならば、100人に会わなければ、その1人に会うことは、絶対にかなわないのです。

また、私は忙しさを口実にしてコミュニケーションを疎かにしている経営者に、何のために人間は口が1つで、耳が2つあるかという話をします。それは、**しゃべるより社員の話を2倍聞け**という意味です。やはり、コミュニケーションの輪を限定してはいけませんし、そのためには常に聞く耳を持たないといけません。

当然、コミュニケーションを図るために時間を割くことが大切になりますが、なかには自分の仕事に集中していて、職場の同僚から何か相談されても、「いま忙しいから勘弁してくれ」というようなことを平気で言う人もいます。

しかし、**職場は仲間との空間ですから、同僚の話を聞くのは当然**のことだと思いますし、そんなに自分の仕事に集中したいなら、夜間とか自宅で仕事をすれば、ということにもなります。

人的ネットワークを広く深くするために、特に重要になるのが異業種、異人種との交流を図ることです。業種が違う人たちの意見を真摯に聞くことが非常に大切です。

なぜなら、同じ環境にいると、気づかなかったり見えないことがたくさんあるからです。

最近の仕事上の問題は複合化・複雑化してきており、自分の専門分野はもとより、隣接する分野の知識や常識なども、ある程度抑えておかなければ、なかなか解決にはつながられません。

たとえば、機械をつくるといっても設計から始まって、動力系、制御系、電子系などさまざまなパーツに分かれ、各部品も多岐にわたります。ですから、電子系だけ知っているということでは仕事になりません。

逆に「業際」あるいは「業間」ともいうべき、業種と業種の「際」や「隙間」に存在する事実、現象、変化などこそ知っておくべきです。

そのためにも、日頃からコミュニケーションの輪を広げておかないと、なかなか社会に役立つ本当の知識は深まりません。

これは、1人の人間にも当てはまることで、たとえ知識が豊富でも、それが浅くてはダメで、深いものを1つでも持っているということが極めて重要になります。

何か1つ深い知識を持っていたり、1つのことに研鑽を積んでいれば、他のことに応用が効くはずです。

私は、それを「穴の理論」と名づけています。もし私が5mの穴を掘れと言われたら、とりあえず形はともかくとして大きな穴を掘ります。いずれ深い穴を掘るにしても、幅が広くないと深く掘り進められないからです。

このたとえは、つまりは、ある程度、勉強の範囲を広く保っておくことが大切だということです。

本当のプロフェッショナルは、当たり前ですが実に物知りです。私も学生から、何で先生は福祉のことについて詳しいのですかとか、何で財務のことについて詳しいのですかと言われることがよくありますが、根っこは同じです。

中小企業をよくしたいという一心で仕事をしていれば、福祉のことも、財務のことも、それにかかわる行政や法律のことも知っておかなければなりません。必然的というよりも、むしろ自然にそうなっていくのが理想です。

そのためには、何事にも好奇心を持って向き合うことが重要です。私はそれを **〝なぜ・なぜ運動〟** と呼んでいます。

坂本教授の
ここが重要

知識は広く浅く、そしてそこから1つ深掘りが大事!

成功法則

26

理想的な自尊自立状態の実現を目指し、〝非価格競争力〟をとことん磨き上げる

私たちは幸せになるために生まれてきたわけで、決して不幸になるために生まれてきたわけではありません。誰だって、自分と自分の周りの人を大切にしたいと思うから頑張っているのです。つまり、**常に自尊自立を保っていることが、人間にとって重要**だということです。

たとえば買い物をする際、本来、お客様とお店の人は対等です。大企業と中小企業の取引においても、両者は当然対等のはずです。

しかし現実は、「買ってやっている」という人々が少なからずいます。逆に「売ってやる」という高飛車姿勢のお店もあります。また、社員や下請け会社を「仕事を出してやっている」といったような、従属関係で見ている、〝勘違い企業〟も少なくありません。

これは、自尊自立を大切にしていない何よりの証左です。こんな会社、人間と日常的におつきあいしていたら、気分が悪くなるだけで、幸せになどなれるはずがありません。やはり、**いい人間関係をつくりたいとか、いい取引関係を築きたいと思ったら、上下関係、**

従属関係を重視する個人や会社とつきあわないことです。

対企業の場合、発注者側が上で受注者側が下という関係がどうしても生まれてしまいがちです。受注者側を〝協力会社〟などと呼びながら、その実態は、文字どおり〝下請け扱い〟に終始しているケースがほとんどです。

たとえば下請け取引の際、見積書を出させてから「高い」と難グセをつけて値引きさせることが多々あります。しかも、見積書を出させるのはまだいいほうで、「見積書なんてあとでいいから、この値段でできないか」と、いきなり強引な取引を強要されて、力関係でやむをえず提示された値段を承諾するなど日常茶飯です。これでは、お前らは奴隷だと言われているようなもので、自尊自立などほど遠い話です。

経営者の皆さんに一番の希望、夢を尋ねると、自分で価格を決める「値決め権」を持ちたいという答えが返ってきます。なぜなら、発注者側から言われた価格では自尊自立できないからです。せめて「値決め権」を持ちたいというのは、どんな商取引の場合も同じだと思います。

もちろん、「値決め権」を持つためには、発注者側から対等に評価されるような力をつけなければなりません。発注者側にとって都合のいい協力会社ではなく、**この会社でなく**

ては、という強い経営基盤をつくることが先決なのです。

また、1社依存は1番の弱点になりますから、それに甘んじることなく、できるだけ取引先を増やしていくことが肝要です。そのモデルとなるのが、大阪市西区に本社を置く**東海バネ工業**（http://www.tokaibane.com/）という会社です。

同社は主に金属バネを製造していて、大きいものから小さいものまで、その種類は多種多様です。ホームページを見ると「多品種微量生産体制→平均受注ロット5個」「フルオーダーメイドの生産体制により1個から製作OK！」とあり、シェアトップの製品も少なくありません。

おそらく取引先は、1000社くらいに及ぶと思われるので、最大の取引先の場合でも受注量は全体の数%以下でしょう。だからこそ同社は「値決め権」を確実に握ることができているわけです。

たとえば、フルオーダーメイドの製品を1万円の単価でつくってくれと言われても、「その単価ではできません。嫌なら他に頼んでください」と平気で断るそうです。結局、ほとんどの場合、他社に依頼しようがないので、同社の取引先件数は増えることはあっても減ることはありません。**製品の優秀さと取引依存度の低さが相まって、まさに自尊自立を実**

現しています。

２０１６年2月、約１０００社を対象に「貴社の競争力の源泉は何ですか？」という質問を「価格競争・非価格競争」の2択方式で投げかけたところ、「価格競争」と回答した会社が81％もあった反面、「非価格」という回答はわずか19％でした。

価格競争で受注するということは、安さで勝負するということですから、「値決め権」を放棄したことになります。常に相手のいいような条件を突きつけられるわけですから、自尊自立など到底望めません。

だからこそ、先の東海バネ工業のように、**オンリーワン的な独自の技術を創造、確保するとともに取引先依存度を小さくし、〝非価格競争力〟をつけること。これが極めて重要になってくる**のです。

坂本教授の
ここが重要

個人、会社といい関係を結ぶためには、上下・従属関係を重視する相手とはつきあわないこと！

成功法則

27 自分が得意とすることを惜しみなく伝える

経営は基本的にファンを増やすことだというのは先述したとおりです。そしてやはり前に触れた言葉を使えば、「自利」の精神の会社や人には、当然のことながら人はなかなか集まりません。他方、「利他」の精神を持っている人のもとには「利他」を重んじる人が集まり、協力者も続々参集します。つまり、**与えることを損だと考えるのは根本的に間違っている**ということです。

東京の新宿区に**日本レーザー**（http://www.japanlaser.co.jp/）という会社があります。同社はレーザー関連製品、検査・測定・イメージング機器、微細加工装置などを手がける輸入商社です。

同社の特徴は、取り扱い製品の品質もさることながら、パート社員と派遣社員を除いた、嘱託を含む全社員（約50人）が株主だということです。社長の近藤宣之さんが経営理念に**「会社は、株主のものであると同時に、社員のものでもあります」**と謳っていることを、そのまま実現している会社です。

同社はかつて、日本電子の１００％出資の子会社でした。そこに本社の取締役であった近藤さんが社長として就任。親会社の意向に左右されがちな子会社のままでは将来展望がまったく描けず、このままでは社員とその家族が路頭に迷うことになるかもしれないという危機感を抱きます。

また、社員のモチベーションは総じて低く、中途退職者も少なくなかったので、こうしたことを何とか改善したいとも思ったそうです。

同社には本社から代々取締役が社長として就任していましたが、歴代の社長は、いずれも本社のほうばかり見る傾向が強くありました。同社の経営体質が旧態依然であったのも、社員のモチベーションが上がらなかったのも、中途退職者が少なくなかったのも、そうした経営者の本社重視、子会社軽視という姿勢に根本原因があったのです。

しかし、近藤さんは違いました。頑張っている子会社のプロパーの社員と、その家族を幸せにしたいという一心で仕事をしていました。そこで、**本社と交渉し、社員と一緒になって株を買い取るという極めてまれな策に出て、見事にこれを成功させてしまった**のです。

何もしなければ、やがて本社に戻り、より上位のポストに就き、その後は悠々自適の生活という道も選べました。事実、私は近藤さんとはとりわけ親しいのですが、これほど人格、識見、能力の高い優れた経営者は、そうざらにはいません。ともあれ、近藤さんは安住の方向を選ばずに、**事業資金のために自分が銀行の保証人にまでなって、親会社から独立するというリスクを負ったのです。その理由は、ひとえに日本レーザーという会社で頑張る誠実な社員を幸せにしたかったから**だといいます。

ところで近藤さんが取った方法は、日本で最初のMEBOといわれています。MEBOとは「Management Employee Buy-Out」の略で、会社の経営陣と従業員が一体となって、会社やその事業の特定部門の経営権を株主から買い取り、独立するというもの。おそらく**日本では、子会社の社員が親会社の保有株を買うなどというケースは前代未聞**だと思います。近藤さんに人徳と知恵があったからこそ実現できたことでしょう。

こうした経営手法について多方面からインタビューを受けたり、あるいは各種公的機関の委員や役員を務めたりしているので、全国各地から講演依頼が殺到しているそうです。

「これも親会社から独立できたからこそで、日本電子の子会社のままだったらお呼びはかからなかったでしょうね」と、近藤さんは語っています。実際、あちこちで話をされる際、普通なら隠すような嫌なことや具体的な数字も、包み隠さず全部オープンにして話をされています。

また、講演先などで経営上の相談を受けたり、会社にも相談に訪れる経営者がいるそうですが、そうした際、近藤さんは惜しむことなく、自分が知り得る限りのことをアドバイスします。コンサルタントだったら、多額の対価をもらってもいいような話なのに、無償で相談に応じているわけですから、まさに利他の精神の表れといえるでしょう。

近藤さんは**とにかくいい会社を増やしたいという思いが強いのです。そこに駆け引きは一切ありません**。

こういう人こそ本当に信頼されます。そして、「この人のためなら」と言って、応援してくれる人がいくらでも増えてくるのです。

近藤さんのような「才」と「徳」を兼ね備えた名経営者が多数派になれば、より多くの人が幸せになれると思います。

坂本教授の
ここが重要

見返りを求めない人のもとにこそ、人は集まってきます！

第3章

この章のまとめ

- 言葉を交わし合う場をきちんと設定すること
- 会社はみんなのものという意識から、経営を考えてみる
- 上に立つ人がだらしなければ、下の人もだらしなくなるのは当然である
- 経営とは基本的にファンを増やすこと
- お客様と同じか、それ以上に社員のことも優先して考える
- 従業員の幸せが、お客様の幸せにつながる
- まずは知識は広く浅く、そしてそこから１つ深掘りをする
- 独自技術を創造、確保するとともに特定の取引先への依存度を小さくし、“非価格競争力”をつける
- 与えることを損だと考えるのは根本的に間違い

第4章

やってはいけない企業活動

成功法則

28

会社の規模や業績での競争には決して参加しない

前章でも触れたように、大企業と中小企業の最大の違いは、規模ではなくて、生きる世界が違うという点にあります。ですから、中小企業が事業規模を大きくしたいと思うのは自由ですが、両者を比較して弱いとか強いとか、いいとか悪いと判断するのは間違いです。元来、**規模は目指すものではなく、社会から与えられるもの**だからです。

先日、ある経営者とお会いして、「ずいぶん人が増えて大きくなりましたね」と言うと、「後ろを振り向いたら、こんな人数になっていたんですよ」とおっしゃっていました。まさにこの言葉どおり、**規模を大きくしたわけでなく、お客様の需要に誠実に応えていたら規模が大きくなったわけで、言い換えれば、お客様によって育てられた、これがあるべき成長の姿**といえます。

お客様が日常的に増えて社員が足りなくなったので、新人を雇う。この繰り返しで規模が大きくなっていくというのが自然です。一方で、いまの社員数は100人だが将来は300人規模で、売上高も現在の10倍まで広げたいなどという願望ばかり追いかけていると、必然的に無理が生じてしまいます。

なぜなら規模や売上高を追いかけると、どうしても膨張せざるを得なくなるからです。膨張と成長は一見同じように見えても違います。膨張は一瞬のふくらみで、針で突つけばパンッと割れてしまうくらい脆《もろ》いもの。

一方、成長はしっかりと基礎を固めながら右肩上がりが継続することを指しますから、たやすく割れることなどありません。

また、規模競争となると、たとえば、とりあえずペーパーマージン（実際に業務を行わずに形式的な取引を通じて発生する利益）で仕入れておいて、あとで適当にトンネル会社で処理をするというような、本来絶対に手を出すべきではない方法の誘惑に駆られてしまう危険性もあります。

業績は目的ではなくて結果、あるいは目的を実現するための手段です。

もちろん、会社経営の目的は人を幸せにすることですから、一定の業績を上げなければ社員とその家族を不幸にしてしまいます。

とはいえ、業績だけを追いかけるとどうなるかといえば、業績を上げるには、売上高を上げるかコストを下げるしかないわけですから、どうしても会社内がピリピリとした雰囲気になり、人間関係の摩擦も増えてしまいます。

私は事あるごとに述べていますが、**とにかく利益率が高ければよいと考えるのは大間違い**です。ときおり「わが社の利益率は20％だ」「いやいや何の。当社の利益率は30％。どうだすごいだろう」などと自慢げに語る経営者がいます。

いつぞや、売上高経常利益率が常に20％を維持している会社の経営者が、自慢顔で私にその業績を誇ったことがありました。そこで私が「社長さん、賞与を含めた社員の年間給与はどれくらいですか」と尋ねたところ、社長さんは「40歳の社員で３５０万円くらいかな」と答えたのです。

それを聞いた私は「社長さん、貴社の20％という利益率は、社員の低賃金の上に成り立っています。利益率は５％から10％程度で十分なので、10％を社員に還元したほうがいいですよ」とアドバイスしました。

一時的にそういう状態になるのは理解できるにしても、常に20～30％というのは明らかに取りすぎだと私は思います。

利益率は５～10％もあれば十分です。これを超えたならば社員に還元するか、協力企業に還元するか、あるいは値段を下げるなどして、顧客や地域社会に還元すべきです。なぜならば、**利益はいわば社会からのご褒美であり、お客様からのお礼代**だからです。ですから、「適正」「妥当」「ほどほど」という利益率があると思うのです。

こういうと、「それでは損してしまう」「甘い」という声が聞こえてきそうですが、会社は誰のためにあるのか、会社経営の目的は何なのかという原点に戻れば答えは明らかです。**利益を還元すれば、めぐりめぐってまた自分のところに返ってくるということを忘れてはなりません。**

現在、日本の会社の約7割は赤字で、日本全体の会社の利益率は平均して1・5～2％です。一方で、これまでに紹介してきた、たとえば長野の伊那食品工業さん、島根県の中村ブレイスさんなど、不況に陥ったことのない、強い会社の場合、利益率は大体10％前後です。私はこうした数値を基準に適正な利益率は5～10％と判断しています。

坂本教授の
ここが重要

利益率とみんなの幸せのバランスを大切に！

成功法則

29 ベテランも若手も平等に評価できる「年功序列制」を積極的に活用する

社員に競争させる、否、競争を強いる成果主義が、ますます主流になっています。特に目立つのが営業マンで、クルマを何台売ったとか、住宅の契約が何件取れたとか、保険契約が何本になったとか、とにかく数字の競争にさらされる毎日です。

こうした仕事のやり方は、やればやるほど得する、報われるという、いかにもやりがいがあるような感じで受け止められている面がありますが、**問題は必ず社内に勝者と敗者を産んでしまうこと**です。

そもそも、負けたくて負けている人などいないはずです。しかし、〝負け〟という結果は報酬に反映されますから、自分やその家族にも影響が及んでしまいます。しかも、常に勝ち負けで区別されているような社内環境にいれば、社員同士の人間関係にも当然影響を与えてしまいます。

社員のなかには自分本位の人もいます。勝ち続けている社員が出張しているときに、その社員にかかってきた電話に出て、「いつもお世話になります。○○は本日、出張で留守しておりますので、私が代わってお話をうかがいます」と対応するのではなく、これ幸いに、「〇〇は出張していますので、また電話してください」と言ってガチャっと切ってしまう……。そんな情けない輩もいるものです。もちろんこうした人柄は問題ですが、一方で、これも成果主義、競争主義の悪弊といえるのではないでしょうか。

何度も述べているように、企業の目的は「人を幸せにする」ことです。勝ち負けを極端に示し、勝ったほうだけを讃えることが、会社のためになるとは到底思えません。

真に強い会社は**いきすぎた競争は求めませんし、社員のあいだに大きな格差をつけることもしません**。またそうした会社に属する真の強者は、チームのため、自分が所属する組織のためであれば、協力・努力を惜しまないのです。

たとえば、高知県高知市に**四国管財**（http://www.shikokukanzai.co.jp/）という清掃・メンテナンス会社がありますが、この会社は個人よりチームで仕事に取り組むことに重きを置いている典型例です。営業なら営業、サービスならサービスでチームの価値を高めることで、会社全体に対するお客さんからの信頼を獲得しています。

また、いい会社のモデルといわれている伊那食品や中村ブレイスなどは、基本的に年功序列制です。つまり、**年功序列制では会社がぬるま湯体質となり、うまくいかないという**

のはまったくの嘘なのです。

しかも、安定的に業績が高い会社の人事制度を調べてみると、いきすぎた成果主義、能力主義で人事を決めている会社はありません。一方、好不況に一喜一憂している会社は、例外なく明確な成果主義、能力主義を採用しているのです。

人間は誰しも年を取れば体力も気力も落ちてきます。いまの強者も何かのきっかけで弱者になり得ます。こう考えれば、弱者を強者が助けるのは当然のことなのです。

私は年配者の給料やボーナスを極端に低く設定している経営者に、「あなたは年を取らないのか」と苦言を呈したことがあります。年配の社員は長く会社に在籍し、その成長を支えてきたのです。そうした**ベテラン、功労者がいたからこそ、今日の会社があるのです。**

第1章で紹介した愛知県の豊橋市の樹研工業は人事制度も風変わりです。定年もなく、70代の社員も元気に働いています。しかも、**給与制度は年功序列ですから、一番の高給取りは一番年齢の高い70歳を超えた社員**です。

40代の優秀な社員の給料は、その半額近い水準しかありません。ところが、それでも彼らのモチベーションは安定的に高いままです。

私は40代の社員にその理由を聞いたところ、次のように答えてくれました。

「私が何もできないときに私の給料を稼いでくれたのは、いまの高齢社員です。だからいまはお返しをしています。私も60歳や70歳になったときにそうしてほしいので」

また、同社の社長は30代、40代の社員にこう言ったそうです。

「悔しかったら早く年を取りなさい」と。

そのうえ社内の雰囲気は、同社に一歩足を踏み入れるだけでぬくもりが感じられる、素晴らしい職場環境が維持されているのです。

私は、人事評価は基本的に年功序列制で行えばよいと考えています。**成果主義部分はせいぜい全体の10％以下にとどめるべき**だと思います。それこそが、社内格差、亀裂が生じるのを防ぐ、最適バランスだと思います。そして、会社からギスギス感をなくし、〝仲間意識〟を醸成させる近道なのです。

坂本教授の
ここが重要

社内の亀裂は、いきすぎた成果主義から生まれます。

成功法則

30

自分のところだけ儲かる商売は絶対に長続きしない

自分のところだけ儲かっていい思いをするという状態は、実は誰かの犠牲の上に成り立っているということです。それは一時的にはいいかもしれませんが、長続きするはずがありません。

たとえば、つくる側の利益が10％、売る側の利益が1％、あるいは発注者の利益が10％で受注者の利益が1％などという状態は、一方が犠牲になっている取引であり、極めて不自然かつ不健全です。こうした状態が続けば、一方はやがて疲れはて相手が嫌になり離れていくことでしょう。

神奈川県の鎌倉に本社を置く、**メーカーズシャツ鎌倉**（http://www.shirt.co.jp/）は、「上質の国産シャツを、5000円で販売する」というコンセプトで、メンズシャツや婦人物のシャツブラウスを1枚5000円（税抜き）という価格から販売しています。

衣料量販店に行けば「ワイシャツ2枚で2980円！」などと売っていますから、1枚5000円は高いと感じる人もいるかもしれません。しかし、同社の製品は、ひと言でいえば決定的にモノが違います。

生地は細糸の綿を、ボタンには白蝶貝や高瀬貝の貝殻を使い、国内の工場で熟練工が本縫いしているので、1枚5000円の価値は十分ありますし、価格を1枚1万円にしたとしても売上は落ちないと思います。

また、**同社の利益を見るとわずか数%にすぎません。その理由は、お客様はもとより仕入先にも多く還元しているから**です。

同社は、製造から販売まで単一の業者が行う独自のSPA（製造型小売）で成功しています。それもこれも外注先あってのことという姿勢で、自社の利益は外注先とほとんど同じだそうです。

外注先への配慮も際立っています。電話の応対1つを取っても、「いつも本当にお世話になっています」という具合で、外注先は「逆じゃないか」と言うほどです。こうした関係があれば、外注先は納期に遅れることも、不良品を出すことも決してないと思います。

同社は東京を中心に25店舗、さらにはニューヨークにも2店舗、台湾に1店舗を展開しています（2016年10月現在）。自分のところだけ儲かればいいという考え方では、到底ここまで発展することはできなかったでしょう。

自分本位ではなく、相手本位でよい製品を提供しているということでいえば、東京・千代田区の**協和日本ホールディングス**（http://www.kyowa-bag.co.jp/）という鞄メーカーが挙げられます。

同社は日本で2番目に大きな鞄メーカーで、ランドセルもつくっています。障がいがあるなどの理由で普通のランドセルが背負えない子供たちのために、オーダーメイドのランドセルを提供しているのです。

なぜそんなことをしているのかというと、ランドセルを背負いたいという、すべての子供たちの純真な気持ちに応えたい一心からです。骨が弱いので肩に掛からないとか、車椅子に乗っているので背負えないといった子供用に、1点ずつオリジナル品を製作。このため、工期は普通の3～5倍、なかにはそれ以上手間がかかるものもあるといいます。

しかも、1個3万円台からと、一般向けと変わらない値段で提供しているのです。手間ひまを考えれば完全な赤字にもかかわらずです。

しかし、同社の若松種夫社長は、

「工期が5倍かかったからといって5倍の値段にしたら、困っている人は買えません。全体で会社経営が成り立てば、それでいいのです」

と語ります。

香川県さぬき市の**徳武産業**（http://www.tokutake.co.jp/）というケアシューズメーカーも同じような姿勢でビジネスを行っています。

同社は高齢者向け、リハビリ用など、さまざまなケアシューズを手がけるとともに、片方だけの注文にも応じる会社として知られています。

特に多いのは、片方の靴のみ磨耗が激しく、そちらだけ買い換えたいので、まだ履ける一方に合わせてほしいというパターンです。新しく一組買う分の半額ですむそうですから、年金暮らしの人などは大助かりでしょう。そうした気持ちの表れとして、お客様から年間3万5000通も礼状が届くといいます。

いずれの会社も、まさに相手の立場に立った経営姿勢で成功を収めた事例です。

坂本教授の

ここが重要

目先の利益ではなく、将来の利益こそしっかり考えるべき！

成功法則

31 値下げやオマケは不毛であり、本当のサービスとは考えない

製品の値決めは、顧客が値ごろ感を覚え、社会が疑問を抱かない適正価格ということを重要視して行うべきだと思います。

しかしながら現実は、値下げやオマケを当たり前のようにやっている会社やお店が実に多いと思います。たとえば、家電量販店で、「もし当店より他店のほうが安いことが証明できる書類があれば、同じ値段にします」と書かれた張り紙をよく見かけます。では一体何を根拠に、そのお店は商品の値決めをしたのでしょうか。

その張り紙に気づいた人は得をしますが、そうでない人は逆に損をするというのは、不平等、不誠実だと思います。

また、スーパーなどは「本日特売日！」といったことを売りにするところが多々あります。さらに、夕方になるとスーパーの食料品売り場には、値下げやオマケになっている商品がたくさん並びます。これらは一見、消費者にとってありがたいサービスであるように思われます。

しかし本当にそうでしょうか。

そもそも値下げやオマケ、特売日といったものを設定する狙いは、お客様を多く集めてできるだけたくさんの商品を売ろうということです。せっかく集客したのだから、ついでに別の商品も買ってもらおうという戦略があります。ちょっと考えてみれば、こうしたイベントを行えるのは、その対象にならない商品に、安くした分のコストを乗せているからだということがわかるでしょう。

さらに、値下げやオマケ商品を売るために働いている人たちにしてみれば、自分たちの労働対価が価格に反映されていない〝不毛な労働〟をさせられているということにもなります。

集客数を伸ばしたいからとか、在庫がありすぎるからとか、売れ残りそうだからといった理由で、値下げやオマケ、特売日を設けているお店が、とにかく多すぎると思います。**お客様を集めたいのなら、商品を安くするのではなく、どのような価値ある新商品を創造、確保し、そして、どのような接客サービスをするべきか……。まずは、そこから考えるべき**なのです。

在庫管理に関しても、本来なら天候、平日と休日、時間帯、地域のイベント等々、きちんと記録を集積し、そこから客足の変化をデータベース化しておけば、効率のよい商いができるはずです。そうすれば、自分たちの無駄な労力を削減し、お客様に喜ばれるサービス提供へと、より注力することにもつながります。

本当の顧客サービスとは、いつでも誰に対しても適正価格――真実の価格――で提供することなのです。

一方で適正価格ということに関していえば、〝値上げ〟についても指摘しなければなりません。たとえば、連休や盆暮れのときのホテルや旅館の値上げは、許しがたいところがあります。

部屋も料理もお風呂も、そしてサービスも変わらない。ところが、繁忙期だからという理由だけで値段を吊り上げるのは、「カネのない者は来なくていい」という悪しき〝強者の論理〟です。顧客の足下を見た商いとしかいいようがありません。

私もホテルに泊まることが多いのですが、いつも1万円を切る値段で利用できていた部屋が、大きなイベントの開催時期に1万5000円に跳ね上がっていることがあります。その都度「部屋の何が変わったのですか」と、わざと質問することにしています。つまり、取れるときに取っておこうという姿勢が見え見えなのです。

また、一見安く思える〝一山売り〟というのも感心した商いとはいえません。1人で食べきれない刺身の盛り合わせとか、1個でいいのに2個や4個もパッケージされている果物などは、そんなに量を必要としない1人暮らしとかお年寄りにしてみれば、結果的に割高になってしまいます。

その点、良心的なスーパー、たとえば東京、千葉、神奈川で地域密着型の経営で成功しているスーパーマーケットの**オオゼキ**（http://www.ozeki-net.co.jp）の場合、1度パッケージずみの商品でも、お客さんの希望どおりに、その場で別のパックに入れ替えてくれます。これが本当の商い、サービスというものでしょう。

「目の前にいるお客様にとって、一番いいと思うことをする」

これが経営の原理・原則なのです。

坂本教授の

ここが重要

値下げではなく適正価格で堂々とサービス勝負すべきです。

成功法則

32 提供するサービスに限界を設定しない

前項でみたように、日頃私たちはいろいろなサービスを目にし、また受けています。そうしたサービスを私は、次の5つの段階に分けています。

①義務のサービス……タクシーの運転にたとえると、安全運転とか交通ルールを守るといったような、当たり前の義務としてのサービスです

②当然のサービス……たとえば、タクシー内のゴミを拾ったり、異臭がしないよう、常に清潔さを保つというような当然のサービスです

③期待のサービス……たとえば、タクシーに乗る際、誰しも無愛想な乗務員ではなく、愛想のいい乗務員だったらいいなと思うはずで、そうした期待に応えられるようなサービスです

④感動のサービス……たとえば、前章で紹介したMKタクシーさんのように、乗り降りする際の振る舞いや挨拶などが細やかで、期待以上の感動を与え

⑤**驚嘆のサービス**……感動を超えた、あり得ないようなサービスです
てくれるサービスです

あまり経験する機会がないと思われる5段階目の驚嘆のサービスを、私は何度か経験したことがあります。

妻と京都を訪れた折り、京都市内の神社・仏閣を見学することにしました。たまたま拾ったタクシーの乗務員さんに私たちの意向を伝えたところ、3時間のコースを勧められ、先払いで料金を支払い、いくつか社寺を巡りました。

そして、見学を終えて京都駅で降りようとすると、その乗務員さんが、

「お客様、少しお待ちください。いま計算しますから。3時間ということで料金をいただいていますが、思いのほか道路が空いていたので、2時間40分で回ることができましたから、20分の差額をお返しします」

と言って、**差額を返してくれた**のです。乗務員が正直でなければ、適当に遠回りして時間稼ぎをすることもできたはずです。また、3時間の予定のところを2時間40分で終わったからといって、普通は差額など返してくれません。それが、計算し直してくれたのです。

思わずこちらは妻と顔を見合わせてうなってしまいました。

福岡の太宰府に妻と行ったときにも、驚きの出来事がありました。やはりタクシーに乗って、名所を案内していただきました。天満宮の参拝を終え、**夏の暑い時期だったので木陰で涼んでいると、駐車場で待っているはずの乗務員さんが、ソフトクリームを2つ持ってきてくれた**のです。

「ここのソフトクリームは評判なので買ってきました。どうぞお召し上がりください」

暑いさなかで、のどもからからでしたから、私たちはもう感動というより、「こんな乗務員さんもいるんだな」と驚嘆するばかりでした。

こうした、先ほどの段階でいうところの**4段階目の感動のサービス、5段階目の驚嘆のサービスこそ、〝本物のサービス〟といえる**のです。

その一方で、残念なことに〝ニセモノのサービス〟に遭遇することもあります。

静岡で講演のため、タクシーで会場に向かっている際、乗務員さんに「今夜、知り合いと食事するんだけど、生簀《いけす》がある店、知りませんか」と尋ねました。すると、「お客さん、そんなお店はありません」という返事が返ってきました。実は、私は地元の人間なので、生簀のある店を知っていたうえで、わざと聞いてみたのです。

勉強不足か、あるいは面倒だからそんな返事しかできなかったのでしょう。しかし、良心的な乗務員さんであれば、「私は詳しくないので、誰かに聞いてみましょう」と言って、すぐに無線で問い合わせてくれるはずです。

ようするに知識の有無は関係ありません。お客様の期待にいかに応えるか、そして、そのための努力をどれだけできるかが大事なのです。

余談ですが、いつぞや福岡の博多に行った折、乗車したタクシーの運転手さんの対応も見事でした。「イカの刺身のおいしい素敵なお店はありますか」と質問すると、中洲のお店を紹介してくれました。実は私はリサーチずみで、そこが名店だと知っていたので、あらかじめ予約していたのです。客の期待を裏切らないよう、日頃からアンテナを張ってるからこそ、的確なサービスを提供できるのだと感心しました。

坂本教授の
ここが重要

一期一会を大切に、お客様に心から喜んでもらえるように。

成功法則
33
極上のサービスは臨機応変さに表れる

私がニセモノのサービスだと思うものの1つに、電化製品などについている説明書があります。

細かい字で書かれているので読みにくいうえに、なかなか理解できません。そのとおりにやってみても、うまく動かなかったり、つながらなかったりで、何度も読み返すことなどしょっちゅうです。

それでもうまくいかないので、仕方なく製造会社に電話で問い合わせると、カスタマーセンターの担当者から、「説明書を読みましたか。説明書のとおりにやっていただいてできなければ、近所の電気屋さんに行っていただくか、または新しくご購入いただいたほうが……」などという返事が平気で返ってきたりします。

つまり、**説明書は、使い方をわかってもらうためにあるのではなく、あらかじめ製造者側の責任を免除するという〝免責〟の意味しかない**わけです。「読んだのか？」という姿勢は、商品の購入者に対して失礼極まりなく、ニセモノのサービスの最たるものと言わざるを得ません。

こうした会社に見習ってもらいたいのが、静岡県菊川市に本店を置く**たこ満**（https://www.takoman.co.jp/shop/）という郷土菓子、和菓子、洋菓子の開発・製造・販売を行っている会社です。ここも本物のサービスを提供しています。

まず、たこ満さんの店舗に行くと、**商品を買っても買わなくても、寒いときは温かいお茶、暑いときには冷たいお茶を出してくれます。**迷惑千万なつきまといのサービスなどありません。また、お客様がゆっくりくつろげるよう、テーブルや椅子のスペースが大きく取ってあって、しかも、**いつでも試食できるように、お菓子がふんだんに置かれている**のです。大きなお菓子も切らずに丸ごと提供します。

以前、函館に行ったときに、おいしそうなお菓子があったので、「試食させてください」とお願いしたところ、奥から持ってきてもらったお菓子は8分の1くらいの小さなもの。この大きさでは味がわからなかったので、「丸ごと欲しいんですが」と尋ねたところ、見事に断られました。

私は、おいしければたくさん買おうと思っていたので、初めからそれを伝えていたら店主の対応は変わっていたかもしれませんが……。

さらに、たこ満さんの店員さんたちの心づかいも、ちょっと他では見られないほどです。手に商品をいっぱいに持ったお年寄りのお客様に対しては、

「お客さん、そんなにたくさん荷物を抱えてどこに行くの。実家にお土産買ったんだ。実家ってどこ。どうやって行くの。誰か迎えに来てくれるの」

というように細かくお客様を気づかいます。

さらに、「外は暑いから、店内でタクシー来るまで待っていれば。いまタクシー呼ぶけど、どこのタクシーがいい？」と店員さんが電話までしてくれて、しかも、タクシーが来るとトランクまで一緒に荷物を持って送ってくれるという徹底ぶりです。

普通は、「タクシーに乗るならあそこで待っているといいですよ」「そこのピンク電話のところにタクシー会社の電話番号が書いてあるから」くらいでしょう。しかしその程度では、たこ満さんのようにリピーターが増えることはありません。

このように、たこ満さんはお菓子もおいしいうえに、サービスも極上というわけで、静岡県で最も顧客満足度が高く、評判が高いというのもうなずける話です。

一方で、仕事の打ち合わせでとある経営者と喫茶店に入ったときのことです。大きな図面を広げたかったので、広いテーブル席に着いたところ、どの席も空いていたにもかから

わず、店員が「そこは5人がけのテーブルだからダメです。お2人用の席に移動してください」と言うのです。「お客さんなんて、誰もいないじゃない。グループのお客さんが来たらすぐにどきますから」と言っても、「ルールだから困るんです」の一点張り。もちろん、私たちは「この店のサービスはなっていない！」と、すぐにその喫茶店を出たことはいうまでもありません。

これは従業員が悪いわけではありません。やはり経営者の経営姿勢が、根本的に間違っているのです。ちなみに、この喫茶店は予想どおり、それから3カ月もしないうちに閉店してしまいました。

先に列記した**義務、当然、期待のサービスだけでは、サービスたり得ない**こともあるのです。経営者はこのことを肝に銘じるべきでしょう。

坂本教授の

ここが重要

従業員のサービスには、経営者の心がまえが必ず反映されています！

成功法則

34 市場シェアやランキングにまどわされない

経済関係の雑誌を見ると、いろいろな業界のシェアやランキングがよく掲載されています。私もそうですが、皆さんも興味がそそられて面白く読まれることでしょう。

その一方で、そうしたランキングやシェア上位の常連だった企業による不祥事が、最近立て続けに起こっています。三菱自動車による燃費データの改ざん、タカタのエアバッグのリコール、歴代経営陣まで手を染めていた東芝の組織的な不適切会計問題といった〝事件〟がその一例です。

こうしたトップ企業がなぜこのような問題に直面したのか。それは、結果ばかりを求めすぎたからではないでしょうか。

シェアやランキングといった目に見える成績の裏には、実は数字のトリックが隠されているのです。たとえば、ある分野でのシェアが50%でナンバーワンだということは、残りの50%は競合他社が占めているということ。言い換えるなら、他社の製品のほうがいいという人も同じくらいいて、同じような商品やサービスを提供する会社が存在するということを示しています。

したがって、競合他社が頑張って、よりよい商品やサービスを提供した場合、自社のシェアもランキングも当然落ち込むことになります。

となると、**目指すべきは、シェアやランキングのナンバーワンではなくオンリーワン**となるのが大切だと、わかるはずです。つまり前述のように、価格競争の波に呑み込まれないよう、まずは〝非価格競争力〟を持つことが先決だということです。

オンリーワンということはシェア100%ということ。

そうなると競合他社が存在しなくなるので、必然的に不当な価格競争による従業員や取引先への負担からも解放されます。つまり、**最大の企業ではなく、最良の企業を目指すべきなのです。**

坂本教授の
ここが重要

オンリーワン=シェア100%こそ、真に目指すべき目標です。

成功法則

35

ブラック企業との縁を、公私問わず徹底的に切る

ブラック企業が、どうしてなかなか減らないかというと、ホワイト企業との境目が曖昧だからです。

ブラックであろうがホワイトであろうが、国や自治体は平気で低利長期の融資をしたり、助成金を出したりしています。銀行などの金融機関もブラック企業はダメだといいながら、一方で当然のように融資や投資をしています。ですから、ますます両者の見境がつかなくなっているのです。

さらに、マスコミも両者のあいだを曖昧にすることに、少なからず荷担しているといっても過言ではない報道をしています。ある企業の社員から、実は自分が勤めている会社はブラック企業だという内部告発情報を新聞社の記者が入手し、編集長やデスクの賛同も得て、それを新聞記事にしようとしました。ところが、その企業から大きな広告を定期的に取りつけている営業担当役員から、「そんな記事はボツにしろ。大スポンサーをなくしてもいいのか」というクレームが入り、結局、その記事はボツになったといいます。

後日、この記者は「うちの記事は営業が決めているんですよ」と皮肉っていました。こうした**お金の力関係で自主規制する例が後を絶たないため、ますますブラック企業かどうかが判然としなくなっている**のです。

また、**融資や助成制度について、査定基準が甘いせいでグレーな企業が増えていることも明らか**です。故に、私は金融庁や消費者庁に対して、「研究室で2年かけてつくった『いい会社がわかる100の指標』を、銀行の融資基準として導入したらどうですか。そのノウハウはすべて無償で提供しますから」と進言しました。その内容は、たとえば100点満点で70点以下の企業の場合は融資をしない、といったものです。

社員をないがしろにしたり、下請け会社をいじめているような会社に、ただ保証人が大勢いるとか担保がたくさんあるといって、平気で融資や投資をするというのは、そもそも査定基準に問題があるわけです。

マスコミも含めて、企業に対する評価項目と目安のようなものを明示しなければ、多くの人は、どの企業がブラックなのかホワイトなのか、あるいはグレーなのかわからないと思います。

私が考える主な評価項目は次ページの12です。

①過去5年以内にリストラを実施したことがないか
②協力企業、外注企業に対して理不尽な要求をしていないか
③残業時間は社員1人当たり月間平均何時間か
④有給休暇の取得率は何%か
⑤社員の離職率は何%か
⑥障がい者および高齢者の雇用率は何%か
⑦派遣社員の全従業員に対する比率は何%か
⑧社員に大けがをさせないように職場環境を整えているか
⑨消費者庁に対する苦情の案件が出ていないか
⑩社員の給与はいくらか
⑪社員に教育訓練を十分しているか
⑫社員に過度なノルマを課してないか

賢い消費者なら、歯を食いしばってでもリストラをしない会社、下請けいじめをしていない会社、きちんと社員の休みを考えている会社、障がい者や高齢者の雇用に尽力している会社、あるいは社内環境を安全第一で整備している会社、こうした会社の製品なら少々値段が高くても購入するはずです。

私は、名刺、メガネ、ハンカチ、あるいは文房具、衣類など、日常使っているモノは基本的に〝正しい会社〟の商品を買うように努力しています。本当は全身それらで固めたいのですが、残念ながらそうすると、あちこちがちぐはぐになるし、場合によっては裸で歩かなければならなくなるので、なかなかそうもいきませんが……。

ブラック企業の問題は一筋縄では解決しないでしょう。

しかし、**私たちが正しい会社の商品を買うように努めると同時に、ブラック企業に対する不買運動を進め、会社としても取引しないようにすれば、徐々にこの問題は解決していく**はずです。

坂本教授の
ここが重要

経営者として、そして消費者として、できることから始めましょう。

成功法則

36 常に「自然」「正しい」を決断のモノサシとする

企業の業績からタイプ分けすると、次のように大きく3つに分けることができます。

①限界企業……………好況でも不況でも業績が上がらない構造不況型企業

②景気連動型企業……好不況の波に業績が左右される企業。ダッチロール型企業、景気期待型企業ともいえます

③景気創造型企業……好不況の波に影響されない企業。景気超越型企業ともいえます

この3つのうち、①と②がブレる企業です。③のブレることのない企業の数は、わが国380万企業のうち1~2割程度です。では、**なぜ経営がブレてしまうのかというと、その要因としてまず挙げられるのが、景気、流行を追うから**です。

来年、景気がよくなりそうだから設備投資をする、雇用を増やす、借金も増やすといったケースが多く見受けられます。しかし、景気や流行は必ず繰り返すので、長期的な視点

で考えないと、いつまでたっても経営はブレ続けてしまうことになります。

好不況とは関係なく、社会が必要とする価値を創造することが経営の本質なのに、それを度外視していれば、経営がブレてしまうのは当然のことです。

2つ目のブレる要因は、急成長を遂げようとすることです。

昨年と比べて売上が倍になりました。前年の利益をわずか半年で達成しました。どうです、すごいでしょう。

このように、いわゆる倍々ゲームがいいことのように思っている人がいますが、その考えは間違いです。**急成長、急拡大は、やがてその会社をおかしくします。**

たとえて言うなら、小学生が中学を飛び越えて高校、大学に進学するようなもの。頭と体の成長のバランスがとれていませんから、どこかでつまずいたら、もとのコースに戻るのは困難です。

企業の成長も同様で、社員の成長と比例関係にあって、社員が成長した分だけ企業が成長するのです。

この肝心要なことを忘れてしまい、ただただ急成長を遂げようとして、ギアをトップに入れてエンジンをふかし続ければ、遠からず経営はエンストを起こし、進むべき道からブレてしまうのです。

3つ目に挙げられる要因は、自転車操業状態です。

自転車操業に陥っているということは、すでに経営が大きくブレてしまっている借金状態だということです。実際、多くの中小零細企業が、毎月のように回転資金を確保するために奔走しています。

もちろん、融資を受けなければならない状況は理解できますが、当然のことながら借金をすれば、好況だろうが不況だろうが、元金と利子は払わなければなりません。支払いが遅れれば延滞金が課せられることになります。無論、金融機関はいつまでも待ってくれませんから、それこそ借金を借金で返す自転車操業の状態に陥ってしまいます。

本当は借金をしない、つまり無借金経営が理想です。たとえ金融機関からお金を借りているとしても、借りている額以上に自己資本があれば実質無借金です。そのためには景気や流行を後追いするような無駄な投資などせず、じっくりと自己資本を積み上げていくことが大切です。

ブレない経営を続けていくのは至難ですが、不可能ではありません。そのために、経営者あるいは管理職たる者がしなければならないこと、それは、**何か事を成そうとするとき**

に、正しいか正しくないか、自然か不自然かという2つの軸で決断するように努めることです。

景気の行方はどうなるか、円高か円安か、中国の景気はどうなるか等々、神様でもわからないようなことを基準とするから経営がおかしくなるのです。その点、決断の2軸さえ守っていれば、迷うことも間違えることもありません。

左右のどちらかの道を選ばなければならないときに、多少、不正、不自然なことに手を染めても儲かりそうな道を選びたくなることもあるでしょう。

しかし、それで失敗したときのリスクは、正しく自然な方法を選んで失敗したときより確実に高いはずです。つまり、「正しいか正しくないか」「自然か不自然か」という決断の2軸に従うことが、社員の命と生活を守ることにもつながるというわけです。

坂本教授の
ここが重要

ブレない経営は必ず実現できます！

第4章

この章のまとめ

- 利益はいわばご褒美であり、お客様からのお礼と心得る
- 年功序列制がうまくいかないというのはまったくの嘘
- 自分のところだけ儲かる商売はうまくいかない
- 適正価格＝真実の価格で提供するのが本当のサービス
- サービスを越えたサービスの提供を目標とする
- 義務、当然、期待のサービスだけでは、サービスたり得ない
- 最大の企業ではなく、最良の企業を目指すべき
- 経営者として、そして消費者として、ブラック企業との縁を切る
- 経営がブレる要因は、景気、流行への追従、急成長、自転車操業状態、そしてライバル企業との勝ち負けへの執着にある

第5章

真に強くて儲かる会社のつくり方

成功法則 37

常に自社の「内部環境」と「外部環境」を見直していく

「企業とは何か？」という問いに、ひと言で答えれば「環境適応業」です。

環境は常に変化しますから、じっとしていてもダメですし、状況を読み間違えて下手を打ってしまえば、企業は潰れてしまいます。ですから、環境に正しく適応していかなければ、どの企業も生き残っていくことができません。

企業が適応すべき環境は、「内部環境」と「外部環境」に分かれます。内部環境は、人・モノ・カネ・技術・情報などの経営資源を指します。そして、これらを見直すということは、いまの人財や技術、資金力あるいは管理力、情報受信・発信力等々を検証し、環境に合わせて改善を図ることです。無論、改善する方向性に関しては「いい会社」を教科書として参考にすべきです。

過去何十年も赤字を出したことがない会社、不況にさらされても立ち直った会社、社風がよくて社員のモチベーションが高い会社などさまざまな会社に共通する、「これは」と思える点を探し当てて、それとのギャップを埋め合わせながら、自社の問題を改善していくのが最適な方法です。
一方、外部環境とは企業経営を取り巻く環境のことです。**外部環境の見直しは、以下に示した客観、歴史観、グローカル観、本質観、現場観の5つの目で見るように努めないと失敗します。**

【客観】主観ではなく第三者的に自社を客観視することが重要です。たとえば、中小企業の場合、自分の子供を後継者にするケースが多いのですが、**肉親はどうしても主観で判断しがち**です。
果たして自分の子供が後継者としてふさわしいか否か、第三者的な目で見極める必要があります。

【歴史観】ある現象に対して長期的に見ないと判断を間違えます。たとえば、あるモノの数値が異常だった去年より増えたからといって、今年の数値を正常と断定することはできません。
過去10年間のデータと比較すると今年も異常ということがあり得ます。したがって、**長い目でものごとをとらえることが重要で、マクロを軽視してミクロばかりに目が行かない**

ように注意する必要があります。

【グローカル観】グローカルという言葉は、グローバルとローカルを合わせた造語で、国境を越えた地球規模の視野、および草の根的な地域の視点から、さまざまな問題をとらえていこうとする考え方です。

たとえば、私は外国で照明とレーザーポインターの機能つきボールペンを買いました。値段は日本円に換算すると100円です。これを知人に見せると100円と評価する人は1人もいません。300円、500円、いや1000円でしょうと言う人が圧倒的です。つまり、海外では100円のモノが、日本ではその何倍もの価値を持つということです。このように、**ローカル観とグローバル観を常に比較する必要がある**わけです。

【本質観】起きている現象の原理原則、つまり本質を見極める必要があります。たとえば、松の木と柿の木があって、冬に松の木は茶色に枯れ、柿の木もほとんど葉が落ちているうえに、枝も落ちていて枯れたように見えたからといって、両方とも切り倒してしまうのは間違いです。

松の木が茶色ということは完全に枯れてしまったということ。一方、柿の木は翌年の春にまた葉をつけ、枝を伸ばすために葉と枝を落としているわけですから、切り倒すのは間違い。このように**猫も杓子《しゃくし》も一緒に考えず、ものごとの本質を見据えることが大事**です。**【現場観】**「机上の空論」と言われるように、**現場、現物、現実の3つの「現」をよく見ておかないと方向を見失う**ことになります。

たとえば、本社が現場の声にほとんど耳を傾けず、しかも、現場を大して見ずにイベントを企画立案したらどうなるでしょうか。間違いなく、現場の担当者から「あれが足りない」「これが足りない」という声が上がるはずです。しかも、それにもかかわらず本社側の人間は「そんなことあるはずがない」と決めつけ、現場で問題を解決するよう強い圧力をかける人もいます。これでは現場の士気など上がるはずありません。

やはり、一にも二にも**現場が真実であり、現場の声がすべて**だということを、私たちは決して忘れてはならないのです。

坂本教授の
ここが重要

迷ったら他社の事例に学ぶとともに、自社を取り巻く環境を再チェックしましょう。

成功法則

38

組織を活性化させる起爆剤を足下に探す

どんな組織にも人財はいるはずで、いないというのは、経営者や上司に当たる人が人財を発掘する努力、育てる努力を怠っているか、あるいは価値ある人財を正しく評価できていないかのどちらかです。

従業員が持っている価値を見出す能力、資質が欠けていることを棚に上げて、自分の会社には人財がいないと決めつけている限り、社員のモチベーションなど上がるはずがありません。私はこれまでに全国の約7500社を見て回っていますが、人財がいなかった訪問先など1社もありませんでした。

昔、島根県を訪問した際、まるで刑事か裏社会に生きているかのような風体の人と、あちこちで顔を合わせるので名刺を交換したら、なんと町役場の公務員ということがわかりました。公務員らしくない〝異色の公務員〟です。

聞くところによると、前の町長には大そう評価されていたのですが、新しい町長に代わったとたん、その人は苦情処理係のような部署に飛ばされてしまいます。誰に対してもはっきりモノ言う態度が災いしたのかもしれませんが、町長もひどいことをするなと思ったものです。

その後、その人はどうなったのか。私が某放送局で、地方活性化は人財にかかっており、むしろ公務員らしくない公務員が、これからの地域をつくっていくという話をした際に、彼の名前をはっきり出したのです。すると、これをたまたま耳にした島根県庁の幹部職員が、わが県にもそんな男がいるのかと驚き事態は逆転しました。そして、彼は町から島根県庁に取り立てられることになり、現在、県庁職員として活躍しています。

要は基本的に、**何も新しい人財を雇い入れたり、設備投資をしなくても、いまある経営資源を活かすことを優先して考えるべき**だということ。特に人財については、このことが当てはまると思います。

坂本教授の
ここが重要

人財がいない会社、組織などないということをお忘れなく!

成功法則

39

ちょっとした気づきを、社内改革の第一歩に結びつける

前項に引き続いて、人財の発掘、育成、そして、その価値を見出すことに関するお話をしましょう。国は違っていても誠意を尽くすことで、従業員の心をつかみ、万年赤字の会社を建て直した人がいます。

アメリカ南部にトヨタの関連会社の鋳物工場があります。いわゆる3K的な職場ですし、構造不況業種ということも影響したのでしょう。成績がかんばしくないので、加藤さんという社員が社長として、日本から送り込まれることになりました。

結論から先に言うと、設備投資を増やしたり、生産管理システムなどを変えたりすることなく、1年で黒字を達成します。

1年で黒字にした直後、お会いしたこともない加藤さんから私宛てに次のようなメールが届き、私も研究室の学生たちも感激しました。

先生がお書きになった『経営者の手帳』と『日本でいちばん大切にしたい会社』を

拝読しました。アメリカに赴任し、いまも手元にあるこの2冊を、何度も読み返しながら書かれていることを実践するように努めました。その結果、先生の現場を大切にする経営学が証明されました。過去最高の利益を上げることができたのは、ひとえにこの2冊の本のおかげです。ありがとうございます。

加藤さんは、**成績が思わしくなくて万年赤字ということは、要は従業員のモチベーションが下がっているからで、それを上げればすべて解決すると考えました**。そこで、最初にやったことは、足りなかった集塵機《しゅうじんき》を増やすことです。

工場内を歩いた際、咳き込んでしまうほどほこりが多く、これでは従業員の健康を害することになってしまうと加藤さんは思いました。そのため、**集塵機を倍にする**ように副社長に提案したのですが、他の役員に却下されてしまいます。

仕方なく、独断で決めたことにして、集塵機を倍にしました。この会社はアメリカ企業との合弁会社ですから、当然、役員にはアメリカ人も複数いるわけで、相当、風当たりが強かったに違いありません。

その後も毎日工場を回っていると、炉のそばで作業している人のほとんどが上半身裸で暑さを我慢して働いているのに、彼らの背中にかかるスポットクーラーの数が少なすぎることに加藤さんは気づきます。そこで今度は、従業員が暑さに悩まされずに快適に働けるよう、**クーラーの数を数十倍に増やす**ことを役員会議で提案しました。

しかし前回同様、「あんたは何を考えているんだ」という雰囲気で猛反発されたので、今回も自分が責任を持つということにして実現させたのです。

そもそも赴任した当初、300人の全従業員を前にして新任の挨拶をしても、ほとんどの人が下を向いたままだったそうです。

「また、訳のわからない奴が来たな」

「わざわざ日本から来たこいつは、いったい何をやらせる気なんだ」

という雰囲気が、工員さんにも幹部にも漂っていました。

ところが、**集塵機に続いてスポットクーラーも増やしたことで、徐々に工場の空気が変わっていきます**。

さらに、**ずっと途絶えていた従業員との面談を再開**しました。すると、朝食を食べていない人や昼食代を持ってきていない人がいることが判明します。これでは、仕事もまともにできないだろうと思った加藤さんは、役員会で何かいいアイデアはないかと意見を求めたところ、副社長から栄養価があるし、手を洗わなくてもすぐ食べられるバナナを用意したらどうかという提案があったそうです。

朝8時から夕方5時まで、休憩時間があるとはいえ、鋳物工場で汗みどろになって働いていれば、体力が消耗するのでおなかが空くし、糖分も必要となる。だから、バナナは最適かもしれないということで、加藤さんはさっそくその翌日から、全従業員分の300本を休憩室に用意するように指示しました。

すると案の定、アメリカ人の役員から「1人で2本持っていったり、食べたくせに食べていないという者が出てくるからやめたほうがいい、あなたはクレイジーだ」という声が上がったそうです。それでも、大して経費がかからないこともあり、この制度も何とか定着させることができました。

そんなある日の終業時間まぎわ、加藤さんが休憩室に近づいて行くと、まだ食べていない人の分の余り数本をポケットに入れて出て行く社員を見かけたそうです。

そのときは、どうせ残り物だからと思い、何もとがめることもせず、その社員の後ろ姿をただ見ていただけでした。

すると、出入り口近くに相当使い込まれた、いまにも壊れそうなガタガタのトラックが横づけされて、奥さんと小さな子供さんが迎えに来たのが見えました。

すぐにドアが開いて、子供さんが降りてくると、その社員に飛びかかるようにハグしました。すると、彼はよほど嬉しかったに違いなく、迎えに来てくれたご褒美にとポケットからバナナを出して子供さんに渡したのです。その微笑ましい様子を見て加藤さんは、自分は正しかったと心底思ったそうです。

さらに次の日に、別の社員がポケットにバナナを入れているところを、今度はアメリカ人の役員が見つけます。彼はすぐに飛び出して注意しようとしたのですが、加藤さんが見た光景とまったく同じ親子のやり取りを、この役員も目にしたのです。

その光景を見て胸を突かれる思いがしたアメリカ人の役員は、加藤さんに思いもよらないような言葉を漏らします。

「いままで、加藤さんが何を考えているのか理解できなかったけれど、私たちアメリカ人のためにやってくれていることがようやくわかりました。明日から別の果物を出してもいいでしょうか」

この言葉どおり、翌日からリンゴやオレンジなどが休憩室に並ぶようになりました。それから1カ月ほど経過したある日、また新たな変化が起こります。加藤さんが休憩室をのぞいてみると、それまで見かけたことのなかったジャガイモやトウモロコシなどが並んでいたのです。

これを見て、先のアメリカ人の役員に、「バリエーションを増やしてくれてありがとう」と感謝すると、**「加藤さん、私じゃないですよ。社員たちが、自宅でたくさん採れたからと言って持って来てくれたんですよ」**と、また予想もしなかったことを彼の口から聞いたのです。

すぐに野菜を持って来てくれた社員たちのところにお礼を言いに行った加藤さんは、涙が止まらなかったそうです。私がいただいたのは、その感動をしたためたメールでした。

加藤さんは、**何も増やさず何も減らさずに、足下にある人財の価値を発掘できる**ことを証明したわけです。

坂本教授の

ここが重要

求めずに与え続ければ、いつか必ず向こうから感動がやってきます！

成功法則

40

アイデアとチャンスの神様は、足を使った人にほほえむ

古くから「攻撃は最大の防御なり」といいます。待っているだけでは何も変わらない、故に打って出ろということです。まさに、アイデアを捻り出すにはどうしたらいいかといえば、この言葉に尽きると思います。

商品開発や技術革新によって成長を遂げている会社を見ると、そのほとんどが〝座して待つ〟ということはしていません。

たとえば、第3章で紹介した、独自の在庫管理と数千社に及ぶ取引先の分散で、1日の残業時間をほぼゼロとする仕組みを構築した静岡県浜松市のバネメーカー、沢根スプリングも、自ら打って出ることで成功した会社です。

同社は長年、下請けで成り立ってきた会社ですが、下請けだけに甘んじることなく、いずれオリジナル製品を世に出したいという強い願望を、経営者は抱いていました。

日本では、国際規模のものから、各都道府県、業種別に至るまで、「産業見本市」が年中開催されています。古くは晴海、現在なら東京ビッグサイトがその会場の代表格です。

沢根スプリングさんも大きな工業見本市に出展したいと考えました。ただ、自社ブランドのオリジナル製品がなかったため、最初は従来の製品をいくつか変形加工して見本市に出展したそうです。

その開催期間中、同社の小さなブースに立ち寄った人はごくわずか、3日間で10数名しかいませんでした。しかし、「あんたのところのバネは変わっているね」「他にはどんな製品があるんですか」「うちの会社にぜひ遊びに来てください」といったように、それなりに前向きな反応を得ます。最初の見本市への出展が、複数の会社とおつきあいするきっかけになったのです。

その後も見本市に参加するうちに、おつきあいする会社がどんどん増えていきます。製品開発に役立つ意見もたくさん寄せられ、創意工夫を重ねているうちに、ついに自社バネの完成にたどり着きました。**見本市を通じてお客様も増えたので、製造する半分が自社バネになり、ようやく下請け体質が改善された**そうです。

100%下請け業務の中小企業が見本市に参加するというケースがほとんどなかった時期に、座して待たなかったことが功を奏したといえるでしょう。まさに、豊田佐吉が残した名言「障子を開けて見よ、外は広い」を地で行ったわけです。

栃木県の宇都宮市に、**マニー**（http://www.mani.co.jp/）という手術用縫合針の製造で知られる上場会社があります。

同社は1956年創業となっていますが、実は、戦前戦中は医療とまったく無縁の軍事用製品を手がけていました。その会社を母体としています。

戦後、医療機器メーカーとして再生を図るために、試行錯誤を繰り返し、いまで言うブレーンストーミングを重ねたそうですが、なかなかいいアイデアが出なかったので外に意見を求めることにしたそうです。

社員を数人ずつのチームに分けて、多くの病院、製薬会社を訪問しました。すると、病院の担当チームが、ある病院の窓口で何か困っていることはありませんかと尋ねたところ、たまたまそこを通りかかった医師が、「実は困っていることがある。それは手術用の縫合針だ」と言ったそうです。

手術用の針は、当時はまだ鉄製だったためにすぐに錆《さ》びてしまいます。また、構造も普通の衣料用の縫製針と同じでしたから、糸の幅の分だけ人体に負担をかけていました。

そこで、話を持ち帰って何度も試作を繰り返し、この医師のアドバイスを受けながら、ようやく完成したのが、錆びにくいステンレス製の、糸を通す穴の箇所も人体に負担をかけない構造に改めた世界初の手術用縫合針でした。

ところが、この新製品を自信満々で問屋さんに持ち込んでも、ことごとく取り扱いを断られてしまいます。その理由は、よい製品であることはわかるが、取り扱えば、いまある在庫の製品がすべて無駄になってしまうからということでした。

仕方なく、それこそ足が棒になるほど多くの問屋さんを訪ねると、最後に回った問屋さんが、「手術のことを思えば、この針のほうがはるかにいい。マニーさんの言うとおりだな」と理解を示してくれ、ようやくこの問屋さんに取り扱ってもらえるようになり、活路を見い出せたそうです。

まさに「求めよ、さらば与えられん」という故事成語どおり、同社も**外に打って出ることを繰り返すことで成功を勝ち得た**わけです。

坂本教授の
ここが重要

旧来の考えに縛られず、熱心に粘り強く動けば必ず道は開けます！

成功法則 41 「地産地消」の経営こそが会社を強くする

ご存じのように「地産地消」とは、その地域で得られる農産物・水産物を、その地域で消費するという意味です。当然それは地域貢献につながりますが、そうした**地域に住んでいる人、地域で生まれた価値を大切にすることは、実は経営の原点でもあります**。

地域に嫌われている、あるいは嫌われそうだから、離れたところに工場を設けたりするというのは間違っていると思います。地域の住民に評価されない会社が、地域以外に進出したところで、そこの人たちから評価されるはずがありません。

まずは地域で段々と企業価値を浸透させていく、地域の人たちから信頼を得ていくというのが、企業本来のあり方ではないでしょうか。そのような経営をしていれば、自然といい評判が口コミ効果で広がっていくものです。

口コミといえば、すでに何度か触れた長野の伊那食品さんについて、ラーメン屋さんや喫茶店に入ったり、タクシーに乗ったりした際に、知らないふりをして評判を聞いてみると、皆さん、それこそ判で押したように、「いい会社ですね」「いまの仕事なんか辞めて入りたいぐらいですよ」という返事を返してきます。

実際そのとおりで、私も伊那食品さんを訪問するたびに驚かされます。

たとえば毎朝、従業員は構内や前の道路を掃除します。それだけなら普通ですが、見渡す限りといっていいほど会社周辺の広い範囲を、従業員全員で掃除するのです。

あるいは、日曜日に近くの総合スーパーにクルマで買い物に行った際、伊那食品の社員の皆さんは、雨が降ってようが、暑かろうが、駐車しているクルマが少なかろうが、スーパーの入り口から一番遠くのスペースに停めます。なぜなら、**入り口近くの駐車スペースを足腰の弱い人用にとっておくため**です。

それに伊那食品さんの構内に入る際、社員の私有車は右折禁止で左折でしか入構できません。なぜならば、右折することになると右側車線を走っているクルマにちょっとでも迷惑をかけることになるし、さらには後ろのクルマを詰まらせるなど、近所の方に面倒な思いをさせてしまうからだといいます。ですから、社員の私有車は遠回りして左折して入構することになっているのです。

また、同社は2つに敷地が分かれており、その真ん中に大型トラックなどが多く走る、ちょっと危険な道路が通っています。自分の会社の従業員はまだしも、近隣の子供たちが横断歩道を渡る際に、もしものことがあってはいけないと考え、そこに歩道橋をつくることにしました。

そして、それを役所に申請したところ、「公用地の上を私有化するのはまかりならん」と突き返されてしまいます。ところが、伊那食品さんは**「大丈夫です、当社が資金を負担して歩道橋をつくったら役所に寄付しますから」として、実際に歩道橋をつくって寄付してしまった**のです。これには驚かされました。

同社のレストランで食事をしていると、会社敷地内の公園のようになっているスペースで、小さな子供たちが先生とお弁当を広げているのを見たことがあります。地域の人たちが自由に使えるようにと、こうした場所を提供しているのも地産地消の1つの形といえるでしょう。

同じく長野県の伊那市に、**菓匠Shimizu**(http://www.kasho-shimizu.com/)というお菓子屋さんがあります。つくっているお菓子の素材の大半が地元産です。したがって、自分のところの売上が伸びれば地域の農家も豊かになるという、まさに地産地消の好循環が生まれています。

また、同社は地域の農家から取り寄せている果物や豆類、卵や乳製品などについて、それぞれの品質をよくするために、肥料や飼料、あるいは水やりなどの方法に至るまで農家と一緒に考え、アドバイスをしています。ここまで徹底して地産地消を考えている会社もなかなかないのではないでしょうか。

最後に明太子でおなじみ、福岡市博多の**ふくや**（http://www.fukuya.com/）を紹介しましょう。

同社は日本で初めて辛子明太子を開発、販売した会社です。現在、辛子明太子を扱っている会社は市内だけで150〜200社もあるそうですが、同社は「うちが本家本元だ」とか、「一番の老舗だ」などと主張することは決してありません。**特許も商標権も取らず、あくまでお客様のため、そして地域のための商いに徹しています**。まさに、地域に貢献している会社の最たる例だといえるでしょう。

坂本教授の
ここが重要

地域に根づけない会社に明日はありません！

成功法則

42

ビジネスのアイデア探しは「不の解消」から始めてみる

世のなかには、困っていることが山のようにあります。それこそ、**不便、不利、不平、不満、不公平、不都合等々、不のつく言葉がいっぱいありますが、こういった「不の解消」に役立つ方法をあきらめずに探し続けていれば、ビジネスのアイデアは自然に生まれてくる**でしょう。

ただ、そうした努力をされている企業は少ないようです。本当は、あらゆる企業が、もっと顧客から困っていることを細かく収集すべきだと思いますが……。

私は以前、NHKの地方局のテレビ番組に2年間、ゲストスピーカーとして出演していました。番組では、毎回「100人に聞きました」というアンケート調査をもとに、新商品開発のヒントを提供していました。調査対象は、それこそ、女子大生や学校の先生、あるいは大工さん、タクシー乗務員から町の高齢者の方まで多岐にわたりました。そうした方々から予想をはるかに超えた数の回答が寄せられ、その多さに私も番組スタッフもびっくりしたことが思い出されます。

さまざまなアンケートのうち、たとえば「おばあさん100人に聞きました」と題したときの困りごとには、次のようなものがありました。

雨の日に杖と傘双方を持つのが不便だから、杖とこうもり傘が一緒になっている商品はないかとか、1人暮らしで買い物から帰ってきても誰も「お帰り」と言ってくれないので、そう言ってくれるロボットがあればありがたいとか、茶畑の畝《うね》を耕すような機械があればいいとか、畑で消毒をしていると風向きによっては自分の家まで漂ってきて困るのでどうにかしたい等々です。

こうした困りごとのなかにこそ、次のビジネスのヒントがあります。

「不の解消」に成功している会社といえば、九州の福岡市にある**プラスアルファ**（http://www.24plus-alpha.com/）というクリーニング会社が挙げられます。同社は**24時間営業で、しかも夜遅く出しても翌朝には仕上がるというクリーニングサービスが注目**されています。

突如大雨が降ったり、酒席で料理をこぼしたりして、ワイシャツや背広、コートが汚れることなど誰もが経験あるでしょう。そんなとき、翌朝に仕上がるシステムがあると大助かりですから、同社はいいところに目をつけたなと感心します。

実際、一般家庭はもとより、地元のホテル、旅館、病院などからの注文も順調に増えているそうです。

東京の渋谷に本店を置く**あ・える倶楽部**（http://www.aelclub.com/）という旅行代理店も、他では聞いたことのないユニークなサービスで注目されています。**大手旅行代理店が手がけないような、お年寄りや障がい者向けの介護旅行サービスを提供しており、トラベルヘルパー（外出支援専門員）がつき添うのが特徴**です。

興味深いのは、同社がお年寄りや障がい者にアンケートを取ったときのこと。「どこに行きたいですか？」という問いに対して、一番多かった回答が「お墓参り」、次が「生まれ故郷」ということでした。

普通の旅行代理店なら、温泉や名所旧跡めぐりなどのツアーに力を入れるでしょうが、**亡くなる前にお墓参りをし、生まれ故郷の実家も見たいというニーズがあることを同社は見抜いた**わけです。

トラブルヘルパー分の旅費と介護サービス料も加算されますから、相場の2倍以上の料金がかかりますが、ＪＴＢや郵船クルーズとサービス業務提携を結ぶなど、その事業はますます広がりをみせています。

岡山市の**両備グレースタクシー**（http://grace-taxi.com/）もユニークな会社です。

乗務員は全員女性で、勤務時間は基本的に平日朝の7時から19時のあいだ。通園・通学、習い事・塾などへの送迎、お年寄りの病院への通院、買い物の随行・代行、お墓参り、お墓掃除代行など、生活に根差した細かなサービスを提供しています。

静岡市の**モルティー**（http://www.molti.net/index.html）という美容院は、本院以外に**日本で最初と思われるトラックを改造した移動理美容院を運営**しています。

お年寄りや障がい者など、自分で美容院や理髪店に行くことが困難な人のために、最新の設備を搭載した移動理美容車3台で、県下の養護老人ホームや介護老人保健施設、身体障がい者福祉施設などの社会福祉施設、病院等を巡回して、多くの人に喜ばれています。

このように、**1人ひとりの不安、不満、不足の解消からビジネスを考えると、新たなブレークスルーが見えてくる**はずです。

坂本教授の
ここが重要

まずは、身近な人の声に耳を傾けることから、ニーズ探しを始めてみましょう。

成功法則

43 地域密着型の営業こそが、ビジネスの幅を広げる源となる

営業の本分とは、お客様にとって一番いいことをして差し上げることです。

とはいえ、そのほとんどが、会社と従業員の都合で行われているのが現実で、消費者庁や国民生活センターに寄せられる苦情の多さを見てもわかるとおり、ニセモノの営業が至るところにはびこっています。

やはりこの点で、すごいなと感心させられるのは、東京都町田市のでんかのヤマグチさん、北海道札幌市の富士メガネさん、愛媛県八幡浜市のアサノ設備さん、あるいは先述した横浜市のさくら住宅さんではないでしょうか。こうした会社が、まさに地域に密着した本当の営業を展開しています。

でんかのヤマグチ（http://d-yamaguchi.co.jp/）は、店頭の商いではなく訪問の商い、つまり御用聞きです。**かける言葉は「おじいちゃん、おばあちゃん、困ったことありませんか」だけ。あとはひたすら聞く姿勢**です。

お年寄りは、ドアがギシギシするとか、障子が外れたとか、トイレの水が流れないとか、

庭の木が枯れてしまったとか、いずれも電化製品にまったく関係ないことをお願いします。しかし、**何でも相談に乗って親切丁寧に対応してあげることによって、電化製品が飛ぶように売れているの**です。

富士メガネ（http://www.fujimegane.co.jp/）は、1階の一番メインのスペースを修理コーナーにしていて、**部品がある限り修理に応じてくれます。しかも、その手間賃はゼロ、つまり無料**です。

さらに、他店で買ったメガネでも「ウチで購入されたものではありませんから直せません」という、よくありがちな姿勢とは正反対で、**どんなメガネでも無料で対応**してくれるので、重宝このうえなく、このサービスが功を奏して北海道でシェアを伸ばしています。

アサノ設備（http://re-model.jp/webapp/remodel_club/view/RC273002）は、リフォーム工事、給排水衛生設備工事、景観・遊具工事を3本柱に成長している会社です。

あるとき、水道が出ないから来てくれという電話が立て続けに50本も入って、さてどうするかということになったときのこと。その際、普通に考えれば、常連客でたくさんお金を払ってくれそうな人を優先しそうですが、**同社はまず一番困っていそうな人を最優先**しました。

おばあさんが1人で暮らしているとか、足の悪いおじいさん1人しかいないとか、そうした家にまず向かったといいます。**日頃から地元の人と深く交流していなければ、それぞれの家庭の事情などがわからないわけですから、こうしたとっさの判断はできなかったことでしょう。**

上得意さんから、「すぐに来てくれって連絡したのに、まだ来ないじゃないか」という催促の電話も当然入りました。しかし、「すいません。山手のほうに1人で住んでいるおばあさんも困っていらっしゃるので、まず、そちらを優先させていただきます」と応じると、「なるほど、わかった。それならウチは来てくれるまで自力で何とかするから」と、納得してもらえたそうです。これも、地域に溶け込んだ企業だからこそ、成せるわざといえるでしょう。

さくら住宅さんについても、ここで加えておきたい話があります。

地元のホテルのさくら住宅担当の営業マンがバスに乗ったときのこと。そこで、隣り合わせた乗客の会話を何気なく耳にしました。

その会話を聞くともなしに聞いていると、一方の人が、「家の工事を、近いうちにしなければならないんだけど」と言うのが聞こえてきます。そこで耳をそばだててみると、もう一方の人が「だったら、さくらさんがいいよ」と答え、これこれこういう会社で、こんなサービスをしてくれるとか、職人さんはこうだし、それに料金はこれぐらいだからと会社のよさを説明し、最後に「頼んだほうがいい、間違いないよ」と太鼓判を押したのです。そうすると、工事を考えていた人は「じゃあ、私もそうしようかな」と納得したのでした。その営業マンは、自分が担当する会社の評判がとてもいいので、何だか自分のことのように嬉しくなったそうです。

そして、このいきさつをすぐに手紙に書いてさくら住宅さんに送ったところ、同社の皆さんも、当然のことながら、大感激したという話です。

ただ単に家のリフォームをしていたのでは起こり得ない、まさに**地元密着型の営業がなせる、幸せの連鎖**といえるでしょう。

坂本教授の

ここが重要

目先の利益を超越すると、会社のレベルが次のステージへと上がります!

成功法則

44 オンリーワンはモノマネから始まる

これまでにも述べてきたように、オンリーワンのモノや手段がなければ価格競争に巻き込まれることになり、**いつまでも他社と同じようなことをしていれば、次第にモノもノウハウも陳腐化する**ことになります。

オンリーワンの製品を開発するには、基礎研究が必須ですし、商品の比較研究といったリサーチも必要になります。しかし、中小企業の場合、無から有を生み出す、ゼロからの創造を目指す、ということは、社内に技術者、研究者がある程度いなければむずかしいのが現実です。もちろん、そうした専門部署を設けることも、余裕がなくて不可能というケースが大多数だと思います。

では、中小企業がオリジナルのモノをつくり出したり、ノウハウを編み出したりするのは、無理な話なのでしょうか。いや、そんなことはありません。

まず、**商品開発にしても、経営ノウハウにしても、スタートはモノマネでいい**のです。**参考にできそうなモノやノウハウがあったら、最初は〝いいとこ取り〟してみる**ところから始めてください。いいとこ取りに応用、改善、改良を重ねていく。そのうえで、徐々に独自の付加価値、ノウハウを加えていく。そうすることによって、最終的に自社にしかない付加価値のある製品、経営手法というものが生まれてくるのです。

ただし、**模倣、いいとこ取りをいつまでも続けていてはいけません。**それではアジア諸国などとの価格競争に巻き込まれること必然だからです。そこで、さらに上のレベルに達するために、自社の開発力を強める、あるいは、民間の研究機関や大学と共同研究するといった手段を講じていく必要があるでしょう。

とにかく**最初は模倣。そして、次第に独自の付加価値やノウハウを加えながら、ゆくゆくはオリジナル化を達成し、従来にない価値を創造する。**これが**確実にオンリーワンのモノや手段を保有することにつながるのです。**

坂本教授の
ここが重要

単なる模倣に終わらない改善改良の積み重ねが、会社を大きく変えていきます。

成功法則

45 社員に対する年間10万円の教育費、5%の教育時間を惜しまない

繰り返しになりますが、企業の成長は社員の成長と相関関係にあります。表現を変えるなら、**社員の伸びしろの平均が会社の伸びしろ**だということです。

「人を育てて会社を育てる」が正しくて、「会社が成長すれば社員が成長する」は間違っています。また、「会社が成長して社員が成長しない」というのも間違っていて、これは会社と社員が離反しているということです。

したがって、社員を伸ばすことが企業経営における最大の目的の1つであることは、言を俟《ま》ちません。

では、人を育てるにはどんな方法があるのか。それは次の4つです。

【OJT《オージェイティー》（On the Job Training）】日常業務を通じた従業員教育のこと。日本の企業が開発したもので、現場における業務経験の積み重ねによって就業スキルの向上を図る。業務現場でしか得られない仕事の進め方のノウハウや知識、技能を習得できるのが特徴《↓

業務を通じて先輩が後輩に教え、後輩は先輩のやり方を見ながら学ぶ》

【OFF《オフ》-JT《ジェイティー》（Off the Job Training）】職場外での教育訓練。集合研修、講習会、通信教育など、日常の業務を離れて行う教育訓練のことを指す。現場の状況に左右されずに、効果的に知識を習得できる取り組み**《↓現場から離れて学ぶ》**

【自己啓発】仕事で必要となる知識、技能、ノウハウなどを、自らの意志で向上、啓発させていくこと**《↓もっと数字を勉強したい、溶接技術をマスターしたいといった向上心を持つ従業員にチャンスを与え、通信教育を受けさせたり、専門学校に通わせるなどの支援をする》**

【リーダーシップ】集団の目標や内部の構造の維持のため、成員が自発的に集団活動に参与し、これらを先頭に立って達成できるようなスキル、ノウハウを身につける訓練**《↓社長や上司が従業員の模範となる生き様を示し、背中で教える教育》**

4つのいずれも欠かすことのできない大事な要素ですが、なかでも**一番大事なのが背中で教えるタイプの④リーダーシップタイプの教育**です。

また、どの程度、お金と時間をかければいいのかというと、私のいままでの経験で仮定すれば、**本当にいい会社になるために必要な社員1人当たりの教育費は年間10万円**です。実際にかけている教育費が5万円という会社もあれば、20万円という会社もあるかもしれませんが、これはあくまで平均値ということです。

教育時間は労働時間でいうと年間5%程度が理想的だと思いますし、実際、いい会社は総じて5%を維持しています。しかしながら、そういう会社は少ないでしょうし、全国平均は1%もないかもしれません。

では、**この5%にどういう価値があるのかというと、年間の労働時間を2000時間とすると、その5%は100時間です。100時間を12で割ると1カ月約8時間、つまり、わずか1日の労働時間にすぎません**。

しかも、朝から晩まで一気にではなく、8時間を1カ月間に配分するわけですから、**週に1度、1回2時間程度の教育訓練で人は十分成長する**ということになるのです。

従業員教育で参考になるのが、新宿の**水上印刷**（http://www.mic-p.com/）です。

先の4つの項目、10万円の教育費、年間5%の教育時間という条件をすべてクリアしています。従業員は正社員・非正社員を合わせて約360人ですが、とりわけ社員1人ひとりの能力でいえば、大手もかなわない、〝日本最強の印刷会社〟といっていいのではないでしょうか。

OJT、OFF-JT、自己啓発、リーダーシップの4つが、1つも欠けることなく、ほぼ完璧にクリアされており、社員のOFF-JTおよび自己啓発に対する意識が非常に高いのが特徴です。

しかも、特に社長さんをはじめ中間管理職の皆さんのリーダーシップが遺憾なく発揮されていて、同社の「日本一勉強する会社になろう」というモットーは社員全員に共有されています。

私は**会社とは最後の教育産業**だと考えています。**学校を卒業してから40、50年と生きていく限り続く教育の場**です。だから、**人を育てれば、管理力も現場力も強くなっていくのは当然のこと**なのです。

坂本教授の
ここが重要

社員教育のキモは、社長・上司の背中＋3つのトレーニングです!

成功法則

46

社長と社員が一丸となって、組織本来の「掛け算の経営」を目指す

経営者と社員、使用者と労働者という関係で、使ってあげているとか使われているとか、1円でも安く使いたいとか1円でも高く取りたいとか、こうした対立が日々、起こっています。ですが、そんなことをしている限り、組織本来の〝**掛け算の経営**〟はできないでしょうし、おそらく足し算にもならず、いわゆる労使対立の〝引き算の経営〟になってしまうでしょう。

これまで「会社は家族」と何度も繰り返してきましたが、**労使双方が共生・協調しながら組織の価値を高めていく、そして、社会に必要不可欠とされる会社になっていく、それが全組織人に課せられた使命**です。

少々大胆な提言に聞こえてしまうかもしれませんが、もし共生・協調を図ろうとするならば、経理書類から従来は経営陣しか見られなかった情報まで、すべてガラス張りにして、公開すべきではないでしょうか。もちろんこう言うと、「そんなことできるはずがない」という声が上がることでしょう。しかし、何とそういう会社があるのです。

広島市に本店を置き、メガネの販売を全国展開している**メガネ21《トゥーワン》**（http://www9.two-one.co.jp/a21）という会社がそうです。**「丸見え経営で日本一の安さを追求！」とホームページに書かれている通り、同社は社長の給料からパートさんの給料まで全部社内で公開。**会議録、営業の記録、売上点数等々すべての情報が、どの社員でも見られるようになっています。もちろん、株主についてもその配分が表記されているように、徹底した情報公開に唖然とするほどです。

この**会社の創業者に話を聞いてみると、ご自身の持ち株は数％で、息子さんの持ち株と合わせても10％にも満たず、「みんなが相談して、あの人たち気に入らないということになったら、私はいつでもクビ切られちゃう」とおっしゃっていました。**これぞまさに〝究極の共生経営〟であること、間違いありません。

坂本教授の
ここが重要

透明性を高めれば高めるほど、無駄な社内の対立などなくなります！

第5章

この章のまとめ

- 企業は常に環境に適応しなければならない
- 有能な人がいないと嘆く前に、今ある経営資源を活かすことを優先して考える
- 現場で得た、ちょっとした気づきを大切にする
- 積極的に外に出ていくことを繰り返せば必ず道は開ける
- 地域に住んでいる人、地域で生まれた価値を大切にしない会社に明日はない
- 「不の解消」に役立つ方法を探し続ければ、アイデアは自然に生まれてくる
- 日頃から地元の人と交流していれば、ビジネスの幅は確実に広がる
- 商品開発も、経営ノウハウも、最初は〝いいとこ取り〟から始めてみる
- 会社とは最後の教育産業であり、生きている限り続く教育の場である
- 全組織人の使命は「掛け算の経営」を目指すことだと心得る

【著者】
坂本光司（さかもと・こうじ）
1947年、静岡県焼津市生まれ。法政大学大学院政策創造研究科教授。専門は中小企業経営論、地域経済論、福祉産業論。法政大学を卒業後、静岡文化芸術大学教授などを経て、現職。法政大学大学院静岡キャンパスキャンパス長を兼任。人を大切にする経営学会会長。「日本でいちばん大切にしたい会社大賞」審査委員長。他に経済産業省やJICAなど、国や自治体、各種団体の委員を多数務める。これまでに訪問調査、アドバイスしてきた企業は7500社以上。今も社会人大学院生とともに、週に2日は企業の現場を飛び回る。
著書『日本でいちばん大切にしたい会社』（あさ出版）の5部作は累計67万部突破。他に『さらば価格競争』（坂本光司研究室との共著、商業界）、『強く生きたいと願う君へ』（WAVE出版）、『日本でいちばん社員のやる気が上がる会社』（坂本光司研究室との共著、筑摩書房）など著書多数。

編集協力／草野伸生

利益を追わなくなると、なぜ会社は儲かるのか

2016年11月10日　第1刷発行
2017年2月1日　第2刷発行

著　者　坂本光司
発行者　唐津　隆
発行所　株式会社ビジネス社
〒162－0805　東京都新宿区矢来町114番地　神楽坂高橋ビル5F
電話　03－5227－1602　FAX 03－5227－1603
URL　http://www.business-sha.co.jp/

〈カバーデザイン〉大谷昌稔　〈本文DTP〉茂呂田剛（エムアンドケイ）
〈印刷・製本〉モリモト印刷株式会社
〈編集担当〉大森勇輝　〈営業担当〉山口健志

ISBN978-4-8284-1919-0